中西直樹
Naoki Nakanishi

近代西本願寺を支えた在家信者

――評伝 松田甚左衛門

法藏館

近代西本願寺を支えた在家信者——評伝　松田甚左衛門　目次

近代西本願寺を支えた在家信者

——評伝　松田甚左衛門

はじめに

　近代日本仏教史・真宗史に関する書籍をひもとくとき、そこに取り上げられている人物が、島地黙雷《しまじもくらい》・赤松連城《あかまつれんじょう》・井上円了《いのうええんりょう》・清沢満之《きよざわまんし》などの近代知識人としても著名な僧侶ばかりであることに気づくであろう。ところが、仏教教団を底辺から支えたと考えられる在家信者の動向に眼が向けられることはほとんどない。この点において、名も知られぬ市井の在家信者を「妙好人《みょうこうにん》」として称讃した近世仏教とは大きく状況が異なる。中世仏教と比べても、とりわけ初期真宗教団を支えたのが東国門徒たちであったことを考えると、在家信者の存在の影の薄い近代仏教のあり方の特異性が明らかとなろう。

　西洋化された「近代知」を修得した知識人の仏教理解が重要視されるなかで、「妙好人」に代表される在家信者のあり方には大きな変化はなかったのであろうか。否、おそらくそうではあるまい。近代に入って在家信者の意識も変化し、近世的「妙好人」に代わる新たな人間像が芽生えつつあった。にもかかわらず、教団・僧侶の側はそれを見落とし、または無視してきた。教団側は、表層的な教団勢力の維持・拡大を国家権力との協調のもとで築くことに心を奪われ、在家信者の動向に目配りして教団内に明確な位置づけを与えることを怠ってきた。そして、そうした近代仏教の失はあまりに大きく、現在もこの点を指摘するものはほとんどいない。

今日、既成仏教教団は内部から大きく崩壊しつつある。明治維新期、神道国教化政策・廃仏毀釈《はいぶつきしゃく》という厳しい外圧にさらされたなかでも、教団を支え続けた在家信者の求心力が急速に低下したためである。とすれば、「近代知」に粧飾された近代教学は、在家信者の心をつなぎ止め新たな在家信者像を構築するうえで、どれほどの意義があったのであろうか。むしろ唯々諾々と教団に追従することを求めた封建的人間像とのギャップを大きくし、その溝を埋めがたくしたとも言えるかもしれない。

本書で主に取り上げる松田甚左衛門《まつだじんざえもん》は、近代初頭、一九世紀後半の激動期の西本願寺を支え続けた在家信者である。その活動は、幕末の西本願寺による御所警固への参加にはじまり、維新混乱期の地方門末への使者としての活動、大谷本廟・築地別院の再建や大教校本館の建設での労働奉仕、豊岡説教所や築地別院での布教活動、弘教講を通じての護法活動など、きわめて多岐にわたる。

一八八〇年代後半（明治二〇年前後）になり、教団の混乱がやや収束した後も、教団発展を側面から支援しようとする甚左衛門の活動は衰えを見せなかった。施本会を設立して活発な文書伝道を行い、女性教化・少年教化などの各種教化事業を手がけた。また、顕道学校・顕道女学院（京都女子大学の前身校）を設立して教育事業に着手し、在家信者を糾合した報恩同志会を設立して本山に教団改革を求め続けた。

ところが、一八九〇年代（明治二〇年後半）に入ると、本山役僧を中心とする教団機構は整備され、甚左衛門のような在家信者の活躍する場は次第に失われていった。そして一九〇〇（明治三三）年、ついに甚左衛門は西本願寺との訣別を宣言する。しかも、この頃に教団のあり方に違和感を覚えた在家信者は甚左衛門一人に止まらなかった。小川丈平《じょうへい》（号「独笑《どくしょう》」）を中心とする念仏結社「小川宗」がそれである。当時、教団の方向性に不満を抱いた三〇〇〇人を超える在家信者が小川丈平のもとに集まったとされ、甚左衛門もその一人であった。しかし、小川宗は積極的に教化活動を行い、社会的連帯を構築する方向性をとり得ず、小川丈平の死後、甚左衛門は小川宗のもとを離れていった。

その後、大正期に甚左衛門は、八〇歳の高齢にもかかわらず、顕道学校の卒業生らと協力し、「民衆仏教」「在家真宗」を掲げて、新たな布教施設「顕道会館」（現・京都教務所）

を建設した。甚左衛門の生涯は「自信教人信」の信念に貫かれており、われわれに「仏教の近代化、西本願寺教団の近代化とは、一体何だったのか」を、改めて在家信者の側から問い直すことを迫るものがある。

甚左衛門とその手がけた事業に関する膨大な資料は、かつて顕道書院に残されていたが、現在は散逸して見ることができないものが多い。しかし、一九一五（大正四）年三月から五月にかけて『中外日報』は、「五十年前の本願寺」（後に『法の繰り言』として顕道書院より刊行）、「本願寺と訣別後の私」という甚左衛門の自叙伝を連載した。また、顕道学校・顕道会館などに関する記録も数点存在している。これらに導かれ、松田甚左衛門の九〇年の生涯にわたる信仰と報恩行の軌跡をたどっていくことにしよう。

第一章　幕末・維新期の護法活動

一、出生から猿ヶ辻の警固まで

　松田甚左衛門は、一八三七（天保八）年に兵庫県北部の浜坂に生まれた。生家は代々半農半漁を生業とし、一一歳から一六歳まで鳥取に奉公に出た後、帰郷して魚商人となった。因幡《いなば》・伯耆《ほうき》・出雲《いずも》・石見《いわみ》（鳥取・島根両県）にまで出かけることもあり、冬から春の無漁期には乾魚をかついで、京都・大阪に行商に出ていた。

　ある時、東京から来た釈大念という僧侶の法話を聞いた甚左衛門は、後生の一大事のことが頭から離れず、暇をみつけては所々の同行のもとを訪ね、その信仰談を聞きにいくようになった。当時、「強信家」と称せられた篤信の在家信者が各地域に存在し、出雲に強信の老人があると聞けば、二五〇キロメートルの道のりを三度まで訪ねていくという具合であった。商売にも身が入らなくなり、家督を弟に譲りたいと申し出たが長男ということで許されなかった。結局、魚の商売をやめて農業に専念することになったが、甚左衛門の愛山護法の思いはいよいよ募る一方で、農閑期に行商のため上洛した際には、売上金すべてを西本願寺に喜捨してくることもあった。

こうした様子を心配した親族は、ついに家督譲りのことを承諾し、一八六二（文久二）年正月に家督を弟に譲った甚左衛門は、親鸞旧蹟巡拝の旅に出発した。その後、約二年間にわたって関東・北陸を巡回した後、京都へと至り本山のために活動をはじめた。甚左衛門が上洛した頃、西本願寺は幕末の大きな時代変動の波にさらされつつあった。東本願寺が徳川幕府と密接な関係があったのに対し、従来から西本願寺は朝廷とのつながりが深く、末寺僧のなかにも、江州（滋賀）の覚成寺超然、周防（山口）の妙円寺月性《げっしょう》、京都岡崎の願成寺与謝野礼厳《れいごん》、芸州（広島）西福寺宇都宮黙霖《もくりん》、家臣の松井中務《なかつかさ》ら「勤王僧」を多数輩出し、彼らは盛んに尊皇攘夷を鼓吹していた。

一八六一（文久元）年、宗祖親鸞六〇〇回大遠忌に際して、孝明天皇から『報恩講義』『歎徳文』を賜ったことで、西本願寺の勤王への方向性は決定的となり、六四年春、西本願寺教団を統理する立場にあった広如（諱「光澤《こうたく》」、西本願寺二〇世）は、門末に勤王攘夷の大義をもって国恩報答すべき旨を直諭し、朝廷に金一万両を献じた。一方、東本願寺は、六二年に本堂脇に家康廟を建立し、六三年に本坊・枳殻邸《きこくてい》を将軍家茂の退避所として提供し、六四年には法主厳如《ごんにょ》（諱「光演」、東本願寺二一世）が将軍家茂の猶子となるなど、なお徳川幕府との関係を強化しつつあった。佐幕派・討幕派・公武合体派の諸勢力が入り乱れ、その帰趨がいまだ判然としない段階で、西本願寺は勤王への方針を鮮明にし、その実績をあげることに難局打開の道を見出したのであった。

一八六四（元治元）年七月の禁門の変でも、「朝敵」となり敗走する長州藩士をかくまったことは、菊池寛が戯曲「本願寺異変」の題材とするなどよく知られており、翌六五（慶応元）年に新選組の屯所が西本願寺に置かれる原因にもなったと言われている。同年から六七年にかけては、朝廷の避難経路を確保するため荒神口の架橋工事（御幸橋）を請け負って約五万両を出費し、六八年一月に鳥羽伏見の戦いがはじまると、その戦費として次々に多額の献金をしている。また軍兵のほとんどが前線に出ていたため、朝廷より同年一月三日から宮廷の警固を命ぜられた。甚左衛門も警固に参加し、このときのことを次のように回想している。

そこで徳如上人が先導あそばし、その時上り合せた道俗を引具して、飛鳥井邸に詰めて御所の要猿ヶ辻を守備する事になりました。人数が少ないので私も日々御供を致しましたが、僧侶は法衣に玉襷《たまだすき》をかけ私共は後鉢巻をしめるという有様、武具もありませんから、棒の先に袋をきせて鎗に見せかけました。まるで火用心見張番とでもいう様な調子であります。

それではどうもすみませんから、本山から手鎗やその他の武具を注文する事になりましたが、その時、利井《かがい》さんが本山から武具を渡されずとも、人気立った時であるから多くの人々から色々心配するであろうという話でありました。果して注文の武器の出来る前に、銘々に古道具屋から買い集めて備えました。遂には大砲までも引き出す様になる、本山から注文の武具も不用になるという有様で、毎日油小路の悲源寺門内に大釜を据へて炊き出しをせられ、それを竹の皮包に梅干を入れて各々腰に着けて詰切りました。

（「五十年前の本願寺」）

その後、摂津・加賀・能登・越中・越前・越後からも門徒が駆けつけ、四月八日に警固の任が解かれるまで、九五日間にわたって延べ三万七千八百余人もの僧俗が警固に参加した。

二、本山の使者として

江戸時代後期、三業惑乱《さんごうわくらん》や御影堂の大修理などで膨れ上がった本山負債は、天保の改革によって整理が図られたが、文久年間（一八六一〜六四年）以降、本山財政は再び悪化しはじめた。原因は、朝廷への度重なる献金などであった。さらに一八六八（慶応四）年一月に戊辰戦争がはじまると、戦乱により末寺との連絡が分断され、財政的な窮乏は著しくなった。こうした窮迫した当時の状況を松田甚左衛門は、次のように回想している。

日本国中は上を下への大騒動で、郵便電信の便があるのではなく諸国の交通は絶えてしもうて、本山の困難は一通りの事ではありません。昔は本山から門末一般に達すべき用は、御飛脚というて文箱をもって一国に下部一人ずつまわるのが例でありました。しかるに、当時は諸藩共に国境国境に堅固な関所を設けて通行人を取り締まりました。その上、昔薩州の例もありますので、本願寺の使者としては全く入り込む事できずして、本山と門末との間は交通遮断という有様になりました。

かくて門末の納物はあがらぬ上に、本山においては勤王のために屢々献金をなされ、諸藩にはそれぞれその領地に本願寺の門末がありますから、京詰の諸藩士に対しても本山から色々の便利を与えられ、その上皇居の御守備にまで任ぜられました。そのため出入商人に対しても数年前から支払いがありませんから、御奥へも日用品さえ納まらず、利井さんをはじめ詰合の有志法中何れも皆無給で費用は自弁でありました。こんな風ではとても永続しませんから、是非門末との伝達をはからねばならんという事になりました。

（「五十年前の本願寺」）

甚左衛門は、行商や同行を訪ね歩いた経験から、丹後・丹波・但馬《たじま》の三丹地方、因幡・伯耆・出雲・石見の中国地方日本海側の国々には土地鑑があった。そこで、自らこれら諸国をまわって本山の窮乏を訴え、協力要請を呼びかけることを本山に申し出たのである。

一八六八（慶応四）年一月一一日、諸国への達書と「六条御殿賄方《まかないかた》」と称する印鑑を受け取った甚左衛門は京都を出立した。出立に先立ち、何か用向きがあればと思い東本願寺を訪ねると、固く門戸を閉ざしていた。台所の小門から入って本山役員に面会すると、東本願寺では徳川幕府との関係もあって当分門末への達書を見合わせているため、道中に大谷派の寺院に立ち寄ることがあれば、現在の窮状を伝えてくれと依頼されたという。

甚左衛門の出立と前後して、山陰道鎮撫総督に任命された西園寺《さいおんじ》公望《きんもち》が三丹地方を経て

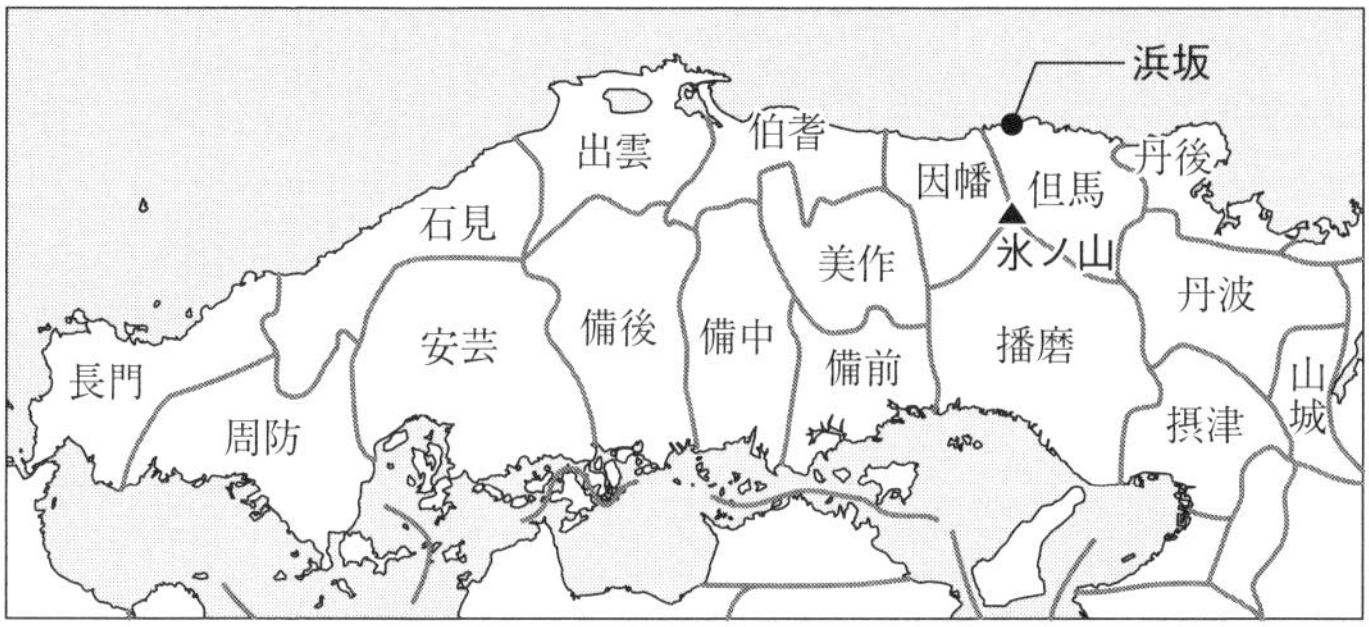

図１　北部近畿・中国地方の関係地図

鳥取へと進軍した。このため諸藩が官軍への恭順の姿勢を示し、鳥取藩のある因幡・伯耆までの道中は比較的難なく進んだようである。しかし、その先の出雲の松江藩は松平家が治める親藩であり、大政奉還・王政復古後も幕府方・新政府方のいずれにつくのか、その去就を明確にしていなかった。このため、国境警備が厳重であり、旅人の手荷物調べも念入りに行われていた。甚左衛門は本山書類を着物の綿のなかに縫い込んで地元民のふりをして関所を通過した。出雲では、松江明宗寺・杵築《きづき》慈光寺などをまわり本山達書の趣旨を伝えると、地元僧俗から「大善知識様の御使者」として熱烈な歓迎を受けたという。その後、石見に入ったが、石見にはすでに長州藩が進攻して不穏な状況にあり、苦難の末に伯耆の香宝寺まで引き返した。

　香宝寺は檀家数七〇〇戸以上を数える大坊であり、本山への見舞金を集めて檀家総代三名が持参して上洛するところであった。甚左衛門も各地同行からことづかった多額の本山への志納金を所持していたので、用心のため同行することとなった。甚左衛門ら四名は、因幡若桜（鳥取県八頭郡）に一泊した後、但馬に入るため因幡との国境にある氷ノ山（須賀ノ山）にさしかかったとき、猛吹雪のため遭難し死を覚悟したが、偶然通りかかった山猟師に救われて、無事本山使者としての役割を果たし帰山することができた。この使者を通じて、甚左衛門は、三丹・因幡・伯耆の国々の同行との連帯を深め、後に弘教講を組織する基盤を築いたのであった。

三、本山財政の窮乏

西国使者の役割を終えた松田甚左衛門であったが、休む間もなく次の仕事が待っていた。一八六八（慶応四）年二月、新政府への協力要請と募金勧進のため、さらに諸国を巡教することとなったのである。八日に摂津・河内《かわち》・和泉《いずみ》（大阪府）に向けて、新門徳如（諱「光威《こうい》」）が出立し、甚左衛門も随行した。親鸞開宗の化風にならい、新門自ら草鞋竹杖《わらじちくじょう》の姿となり、至る所で僧俗が涙に咽《むせ》んで歓迎したという。しかし、続けて三月に津村別院で明治天皇奉迎の任に当たった徳如は、それまでの心労と無理がたたって発病し、四月に急

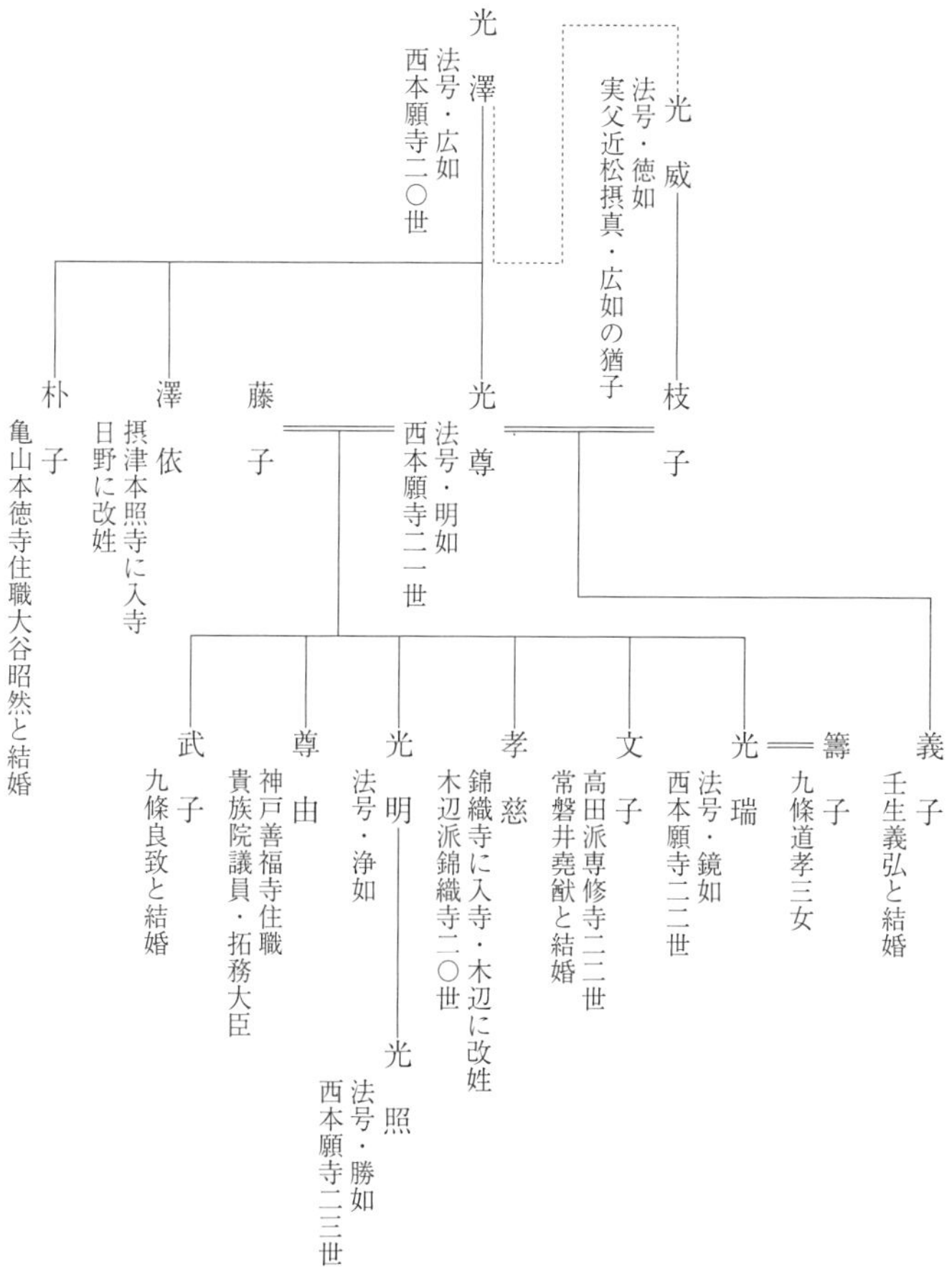
光澤
法号・広如
西本願寺二〇世
光威
法号・徳如
実父近松摂真・広如の猶子
朴子
亀山本徳寺住職大谷昭然と結婚
澤依
摂津本照寺に入寺
日野に改姓
藤子
光尊
法号・明如
西本願寺二一世
枝子
武子
九條良致と結婚
尊由
神戸善福寺住職
貴族院議員・拓務大臣
光明
法号・浄如
光照
法号・勝如
西本願寺二三世
孝慈
錦織寺に入寺・木辺に改姓
木辺派錦織寺二〇世
文子
高田派専修寺二二世
常磐井堯猷と結婚
光瑞
法号・鏡如
西本願寺二二世
籌子
九條道孝三女
義子
壬生義弘と結婚

図2　大谷家家系略図

逝した。享年四三歳であった。

こうして苦労して集めた募金も、すべて朝廷への献金に消えていった。当時の本山の財政状況を甚左衛門は次のように回想している。

当時は朝廷におかせられても、大変な御物入で御困難の折柄でありましたから、真俗二諦の教旨を奉ずる真宗としては、これを他所に見ておるわけにはいかない。忠勤をぬきんずべきは、この時でありますから、本山からは度々朝廷へ軍用金等を献ぜられました。

しかるに、本山御自分においても維新改革のために非常な費用がいる上に、騒動のために門末との間は全く交通を遮断されてしまって財政は実に困難の極に達しました。仕方がないので、虎之間の志献所の収入をはじめ、両御堂の賽銭、それから御和讃御文章御聖教等の版木に至るまで皆悉く金方の担保に入れてしまいました。それ故、金方は日々本山に出張って、その等の収入をまとめて帰ってしまう。本山ではただ志納の受取を出すばかりで一厘の収入もないという次第、実になさけない有様でありました。

（「五十年前の本願寺」）

甚左衛門の回想によれば、広如法主が大谷本廟に参詣の途中、金方（借金取り）が待ち構えていることがわかり、引き返したこともあった。こうした困難のなか、一八七一（明治四）年八月に広如は没したが、葬式は質素で密葬同然であった。甚左衛門は、明如（諱「光尊」、西本願寺二一世）に従い大谷北谷での火葬に立ち会い、夜を通して蓮如時代の苦労を偲んでともに涙し、翌朝の骨拾いにも参列したという。新門徳如に続いて、法主広如も世を去り、本願寺の行く末は、若い明如（当時二二歳）に託されることとなったのである。いよいよ財政難が極まった本山は什物《じゅうもつ》の売却に踏み切り、甚左衛門はその道具を監督する役を担当したようであり、次のように回想している。

私はその時、道具の監督を命ぜられましたから、親しくその時の有様を見聞しましたが、数代の間保存せられてあった什物を土蔵から対面所に持ち出して夜番を致しました。数十双の金屏風、数百個の古書画軸物、その外金銀の置物、茶道具等積んで山をなしました。三府をはじめ諸国から集まった道具商人が、およそ半ヶ月も日々出張って入札によって払下げになりましたが、蒔絵物《まきえもの》や作者銘入の茶釜等桐箱入の珍物が一個僅かに数十銭、ほとんど大道に捨てたも同様でありました。
この有様を見かねて、中には上申する者もあって、代々の門末が献上して数百年来伝

図3　大谷本廟の絵図（『婦人教会雑誌』16号〈1889年5月〉より）

った貴重の什器を捨売にするのはあまりに惜しいことである。それよりはむしろ再び門末に御下付になった方が、かえって幾倍の献納金を得ることになって、本山のお為であろうという者もありましたが、諸国往来の困難の場合でありますから、そんなことをしていては、とてもその場の急に間にあいませんから、泣く泣く貴重の什宝を捨売にせねばならなかったのであります。当時は本山ばかりでなく、一千余年御住居になった御所も江戸へ御移転になる時分でありますから、宮家も公卿も没落して家は空屋となり、家伝の什器は売り払われて道路に山をなすという有様でありました。

（「五十年前の本願寺」）

多忙のなかで甚左衛門は、作事場監督として大谷本廟再建事業も指揮した。大谷本廟は、一八六七（慶応三）年三月の火災で焼失し、直ちに再建に着手したが、廃仏毀釈により各地で堂塔伽藍が破壊される事態を受けて一時中止となっていた。しかし、高齢の広如法主の存命中に形ばかりでも再建を遂げたいという強い願いを受け、全国門末に支援を求めることのできない状況を勘案して、京阪講中の手で再建事業を行うこととなった。甚左衛門は大谷本廟の境内に住み込み、労働奉仕に参集した同行とともに、経費節約のため本山阿弥陀堂の北にあった集会所の廃材を運ぶなどして建築作業に従事した。一八七〇（明治三）年三月に上棟式を行い、同年一一月に仏殿が落成した。それを見届けたかのように、広如は翌年八月に世を去った。

四、寺務機構の改革

西本願寺の教団改革は、一八六八（慶応四）年七月に島地黙雷らが建議書を本山に提出したことではじまった。そこには門閥を論ぜず人材登用を進めること、本山収支の均衡を図り財務の健全化を目指すこと、などが盛り込まれていた。この建言は大幅に採用され、同年八月に広如の弟である本照寺日野澤依《たくえ》が執政総督に、教行寺中山摂観《せっかん》が同副総督に任ぜられ、従前から宗政を担当してきた家臣団の上職者として本山寺務を統轄することとなった。また、各種伺を受け付ける機関として参政会議所が設置され、僧俗から任命された参政により協議されることとなった。

しかし、長年にわたって本山宗政は半僧半俗の坊官家司ら家臣団によって担われており、その起源は、一五五九（永禄二）年に一一世顕如が門跡に叙せられた際に、下間家が坊官に任ぜられたときまでさかのぼるとされる。長い伝統を有する坊官制度から新体制への移行には時間を要し、末寺僧による宗政指導体制が十分に整わない状況で、松田甚左衛門のように自主的に本山のために働く人物はなくてはならない存在であった。

その後、家臣団の行政権が次第に抑制され、いく度かの寺務機構の改編が図られた後、一八七一（明治四）年に入って大きな制度改編が実施された。四月に長御殿が執事所と改められ、五月には京都府庁の通達によって坊官ら家臣団は原則として京都府貫族となり、寺務執行への関与が不可能となった。こうして本願寺俗務を担当してきた世襲的家臣団三百余名が本願寺を離れ、坊官制度は解体された。一〇月、法主を継職した明如のもとで寺務職制が刷新され、その後、七三年四月に執事所に布教課・法令課・用度課の三課が置かれた。さらに七五年一月、職制が更改され、執事所を廃して寺務所を設け、五月に大洲《おおず》鉄《てつ》然《ねん》・島地黙雷が執事に、一二月に日野澤依が執綱に就任して、末寺僧侶による寺務執行体制が確立していった。

ところが、僧侶が俗事である財政を含めた宗政を担当するようになったことの弊害も次第に顕在化していったのであり、この点を甚左衛門は次のように述べている。

今日では、いわゆる御使僧が法義引立と金銭取立とを兼ねていますが、昔はそれとは大いに趣を異にしていたということであります。そのため今日では、御使僧とさえいえば、金の相談はつきものの様に思われて種々の弊害も生ずれば、また自然崇敬の念も薄らぐのであります。

昔は、御使僧は法義引立専門でありましたから、その崇敬の厚つかったことは、今日からはほとんど想像も及ばぬ位であります。金銭取立は御使者というて、旧家中の侍の中から立ちまして、僧侶方は決して金集めには関係せられませんでした。その外の事は飛脚が書面を持って回って用を弁じました。つまり御使僧、御使者、飛脚の三に分れて、それぞれ任務を分って居ましたから、余程都合がよかったように思います。

（「五十年前の本願寺」）

ところで、明治初年以降の教団改革を主導したのは、大洲鉄然・島地黙雷・赤松連城・

香川葆晃《ほうこう》ら防長（山口県）の末寺僧であったが、彼らに同調して活躍した僧侶に摂津常見寺の利井明朗《かがいみょうろう》がいる。利井は特に在家信者の登用を重要視し、甚左衛門と密接な関係があり、旧体制の改革にも急進的な考え方の持ち主であった。甚左衛門の語った次のエピソードは、当時の教団改革の動向を知るうえで興味深い。

いよいよ人材登用を実行せらるるにつき、法主の命をもって全国の連枝に何日何時出頭致すべく旨布達に相成り、その日の説明を利井氏に命ぜられました。利井さんは、参集の連枝方が時間待ちの間に拝見せられるように、前もって対面所に古書画を陳列せられました。

さて、その説明の時になっていわるるには、今回御一同を召集に相成り法主殿より仰せ付けられたる伝達すべき思召は、ここに陳列したる古書画よくよく御覧下さるれば、それにて既に事足るのであります。これらの書画は決して偽物ではありませんが、御承知の如く今日は諸事改革の時でありますから、珍重せられた古書画も今ではほとんど反古同様に売買せられる時代となりました。あなたがたも決して偽物にあらず、真の連枝でありますけれども、世の趨勢はどうも致し方ありません。革命の機運に乗じて諸事開祖の昔にかえし、大に人材を登庸して宗風を宣揚あらせられるという思召しであります、と。

これよりは、門閥によらず才気ある人があげ用いらるるということになして、島地さんや大洲さん、その他の人々も桃色の法衣を着して内陣に出勤せらるるのを時々見受けました。

（「五十年前の本願寺」）


利井は、率先して自坊改革を行い、本堂以外の建物を破壊し、境内の樹木を伐採して畑とし、中本山であった常見寺の末寺を独立解放させた。さらに住職を弟鮮妙《せんみょう》に譲って本山に出仕し、寺務改革の急先鋒となって活躍した。利井は常々、「家の宗旨ではだめじゃ、人の信仰でなければ何にもならぬ」と言っていたとされる（「松田善六の言葉」）。在家者の登用にも積極的であり、甚左衛門とは多年にわたって交流した。

しかし、生活の糧を奪われた家臣団からは恨まれ、暗殺の噂がしばしばささやかれ、利井らが夜分に本山を通行するのさえ危険であったと伝えられる。実際に、一八七一（明治四）年一〇月に東本願寺では、寺務改革派の巨頭であった金松空覚《かなまつくうかく》（闡彰院《せんしょういん》）が暗殺される事件も起こった。

五、廃仏毀釈の嵐

一八六八（慶応四）年三月、新政府は、神仏混淆を禁止し神社からの仏教色の排除を命ずる一連の行政措置を布告した。いわゆる神仏分離令（神仏判然令）である。さらに一八七〇（明治三）年一月には、大教宣布の詔が出されて神道を国教とし、祭政一致の国家体制を確立する方針が示された。これを契機として廃仏毀釈の嵐が日本中に吹き荒れることとなった。

松田甚左衛門が大谷本廟再建に尽くしていたのは、ちょうど廃仏毀釈の嵐が激しさを増しはじめた時期であった。甚左衛門は、当時見聞したことを次のように語っている。

大体京都は桓武天皇がはじめて御奠都あそばされたことは申すまでもありませんが、王城をこの地に定めさせらるるについては、伝教大師が与って大いに力があるのでありますゞ。ですから町名も一条五条七条などと袈裟形をとって名づけ、また町ごとに地蔵尊を安置したのであります。

しかるに、廃仏論者は昔を忘れてしまって、これらの地蔵尊を加茂川河原に捨ててしまったのです。それから、また両部神道というて、八幡大菩薩とか、金毘羅大権現とかいう具合に、いずれの社でも、その奥には仏像を安置していましたが、これまた廃仏論者等が神仏を判然分たねばならんと主張して、全国の神社皆仏像を取り除いてしまいました。したがって、今までは寺院も建立し仏事供養も営んでおった諸藩主や、家老職の如き人も多くは皆仏事を廃して神式を用いるようになりました。

一般の下民は、葬儀年回等の習慣のみにして真実の信仰がありませんから、上のなす所下これに習うの諺の如く、深く由来も知らねば信仰もなくただ理由もなく、上に習って仏像経巻を土石反古のように思い、葬儀等も続々神式を実行するに至ったのも、また止むを得ない事であります。ことに隠岐国の如きは、寺院を破壊し仏像を海中に投ずるというような乱暴な事もやりました。北陸の加能越はさすが真宗有縁の地でありますから、人民はそんな乱暴な事はしませんでしたけれども、旧富山領では命令をもって一般の堂塔を破壊し、仏像をすべて富山市多屋坊に集め、鐘は鋳つぶして大砲の地金にしてしまいました。

外部の事情がこんな風ですから、寺院の有様は実に気の毒なもので、諸宗諸山ともに仏具等は地金相場に、経典は反古同様に都会に持ち出して目方で売買し、その外金襴の袈裟等は小切にして、売買するのを屢々見ました。したがって、僧侶も生活に困るから、多くは還俗して小学校教員の練習などを致しました。（「五十年前の本願寺」）

ところで、甚左衛門は、一八六二（文久二）年正月に国許を出発して京都に至る前に、親鸞旧蹟を巡拝していた。その際に北陸で見聞したことを次のように語り、富山領での廃仏には、真宗門徒の腐敗にも原因があるとの見解を示している。

これについて思い起しますが、私が文久年間前申した如く、一は出離の大事について真の知識を得んがため、一は高祖大師の御旧蹟を巡拝して御苦労の万一を知らんがため、当時、諸大名江戸引払本国引取の大混雑の中を、あるいは山野に伏し、あるいは人の軒下に立ち、幾多の艱難を経て近江美濃尾張より関東北陸を二ケ年に巡回したことがあります。その際、見聞したことでありますが、北陸は弘法繁昌の地であるとともに、その弊害もまた甚だしいものでありました。かつて加賀国津梅村に参りますと、あたかも同村の大寺に於て宗祖聖人の六百回忌が営まれるということでありますから、一泊して参拝しました。その盛況というたら、たいしたものです。参拝する道路の両側には、出店諸芸興行物が立ち並んでいます。本堂に参って見ますと、法中は何れも法衣の美を競うて、稚児音楽で勤行する有様は、姿ばかりは浄土の荘厳もかくと思うばかりであります。参詣の男女はさりながら黒山の如く、その間を押しわけて菓子饅頭などを売りあるくものもあります。
世話方は勤行がすむと、幾度となく銭を取り立てに参ります。本堂三方の掛出の下を見ると、今まで銭を取り立てていた世話方どもが、隊を組んで十人二十人一団となり、盛んに賭博をうちておる。実に芝居場にも劣った有様でありました。これを見て私は涙を抑えようとして、抑えることが出来ませなんだ。これはその一例に過ぎませんが、その他色々と、北陸地方の弊害の甚だしいものを見受けました。維新廃仏の際に、富山領が先んじて堂塔伽藍を破壊したのも、実にその理由のあることであります。

（「五十年前の本願寺」）

六、大教院分離運動

一八七二（明治五）年、神祇官・神祇省―宣教使体制による敬神思想の普及に挫折した新政府は、教部省―教導職へと制度の改編を図り、仏教の教化力を利用して、より広く人民教化政策を展開していくこととした。この年三月、神祇省は廃されて教部省が設置され、四月には宣教使に代わって教導職が人民教化の役割を担うこととなり、この教導職には、神官だけでなく僧侶も任命された。

ところが、同時に説教の指針として示された「三条ノ教則」により、神道によって政教両面から人民支配の徹底を目指す基本路線に変更がないことが明らかにされるとともに、仏教は神道の従属下に置かれることとなった。一八七二（明治五）年五月、仏教各宗派は教導職の養成・研究機関として大教院の設立を願い出て、八月、東京金地院《こんちいん》に開講した。翌七三年二月に大教院は芝の増上寺に移転したが、神殿が設営されて式日には神祭で執行されるなど、神道色が濃厚なものとなった。

これに対して、一八七三（明治六）年七月に欧州留学から帰国した島地黙雷が、明如に大教院からの分離を進言し、やがて真宗各派による大教院分離運動がはじまった。この頃、明如は真宗各派連合の管長であり、分離運動を推進するため東京と本山を往復していた。同年一〇月、松田甚左衛門は明如の東上を神戸に見送ると、徹夜で豊岡へと向かった。そして、同地で三丹地方の道俗大会を開いて分離運動のための資金を集め、東京に赴いて明如のもとに届けた。さらに東京から帰ると、同行に対して大教院運動への参画を働きかけており、そのときのことを次のように回想している。

明治六年、政府は東京に大教院を設立することになりまして、芝の増上寺の本堂の仏像を取り払って神殿に改め、大門の前に白木の大鳥居を建てて、ここに神宮並に仏教諸派の管長を集め、いわゆる三条の教則という、天理人道、敬神愛国、皇城奉戴の三ヶ条を説かせました。これに順じて諸府県に中教院を設立し、その他の小都会の寺院を小教院にして、大教院は神道仏教の大本山というのでありますが、その実全く神道によるのですから、法衣姿の諸宗の管長方が拍手の稽古をせられ、一般の僧侶還俗がいやなら幸い、三条の教則をとかせて神官の助けをさすという事に決せられたのです。この政令をどしどし実行することになれば、早晩我が本山も増上寺同様の運命に陥らねばなりませんから、真宗上下の驚きと慨きは大抵ではありません。先づ法主殿が率先せられて、その非道をならし、仏教諸派と共同して大教院分離の運動に着手せられましたが、当時の諸宗は死灰同様にて、ただただ時代の風潮に流れ行く外、全く正義を叫ぶ意気も力もありませんから、真宗諸派は断然志を決して彼等と事をともにせず、単独に大教院分離の運動を起こしました。

そこで、私は東京から帰りますと、直に三丹州の宗民大会を開き、大教院設立の顚末より分離に関し法主殿苦心の実地を述べ、このままにして押し進まば、行々は、仏法は亡びるのみならず、神道も遂には耶蘇教のために亡びてしまうことになるから、国のための法のため容易ならぬ一大事である。ついては、是非とも大法主希望の通り、真宗を大教院より分離して仏教の隆盛をはからねばならぬと申しました。一同これを聞いて、愛国護法のため一身を捧ぐべきは今なりという考えで、県下の真宗東西両派の信徒一同の連判をもって真宗の分離を政府に上願することに決しました。ついては、東西両派の僧侶の中から、但馬豊岡の光行寺、平田の専福寺、丹後宮津の仏性寺、丹波成松の行雲寺の四名を委員に選んで、一切の費用は一同から持ち出しにしました。信徒側は人費自弁で原田吉重郎、金子せき女と私との三人がその選に当りました。都合七名で東上することになったが、京都に着いて本山に出頭して話を聞くと、電報をもって東京にかけあったが、何とかほぼ分離の見込が立ちそうじゃから、ひとまず京都に留ることにするがよかろうという事であります。そこで暫く様子を見てからのことに致しました。

（「五十年前の本願寺」）

真宗側と大教院側との間では、分離をめぐって激しい議論の応酬もあったが、甚左衛門らに代表される門徒の分離運動に対する支持もあって、一八七四（明治七）年九月には大教院も真宗の分離を認めざるを得なかった。翌七五年一月に太政官は真宗の分離を認める決定を下し、四月に神仏合併布教の差止が指令され、五月に大教院が解散、一一月には教部省より信教自由を保障の口達が出された。運動の成功は、島地黙雷ら開明的僧侶の活動によるところが大きいが、甚左衛門ら門徒の支援があったことを忘れるべきではないだろう。

七、豊岡説教所の建築

現在、松田甚左衛門の故郷浜坂（新温泉町）には、本願寺派の寺院が三ヶ寺存在しているが、江戸後期には旧美方《みかた》郡（現在の新温泉町の大部分と香美《かみ》町・養父《やぶ》市の一部）を通じても、真宗寺院は二ヶ寺しかなく、他宗の寺院ばかりであった。そこで甚左衛門の生まれた天保年間（一八三〇～一八四四）に、同行の有志が協力して浜坂に説教所を建築し聞法の場としていた。

甚左衛門が、伝統的な真宗繁昌の地ではなく、真宗新興の地域である浜坂で、清新な信仰の気風に触れて育ったことは、後に大きな影響を及ぼしたと考えられる。

一八七一（明治四）年一一月、但馬・丹後・丹波三郡（氷上《ひかみ》郡・多紀《たき》郡・天田《あまた》郡）が豊岡県に統合され、県庁が豊岡に置かれた（一八七六年八月、豊岡県は廃止され兵庫県に編入）。その少し後から、甚左衛門は豊岡に移り住み、この地を拠点として三丹地方の同行との交流を深めていたようである。七四年春には、滋茂《しも》町の古屋を買い求めて信徒の集会所とし、さらに豊岡周辺の同行を糾合して説教所の新築に着手した。豊岡を中心に県内の信徒が集まって昼夜を問わず土木工事に携わり、七五年の春に説教所が落成した。甚左衛門はこのときのことを次のように述懐している。

維新の初めに豊岡に県庁設立になり、一時三丹州の人民集合する所となりました。私は昔よりいかなる宿縁にや、原田家はじめ其他堂縁方々の宅へ三ヶ年間住宅しました。時に廃仏盛んに起り、市内に興国寺と称する七堂伽藍の禅宗大坊を破壊し、仏像は土中にうづめ、次に同宗養源寺と称する大坊は市内に多数の檀徒がありましたが、本堂の仏像を取り払い、一時芝居場に使出する事にしました。ゆえに、戸毎にぞくぞく仏壇を廃し神殿と改め、神式葬儀を実行する様になりました。しかるに、諸宗有縁の同志は諸所に集合して泣き暮らしました。真宗寺院は市内に六ヶ寺ながら、各々何寺檀徒と葬儀年回に至るまで、別々の習慣がありましたのを、この時一致団結して高祖大師の御遺徳を仰ぐことになさんと、信徒の輿論一決して、ここに一大説教所を建設する事と致しました。遠近を論ぜず、有縁の信徒集合して、夜は篝火を焚き、男女老少ともどもに念仏三昧にて我を忘れて昼夜

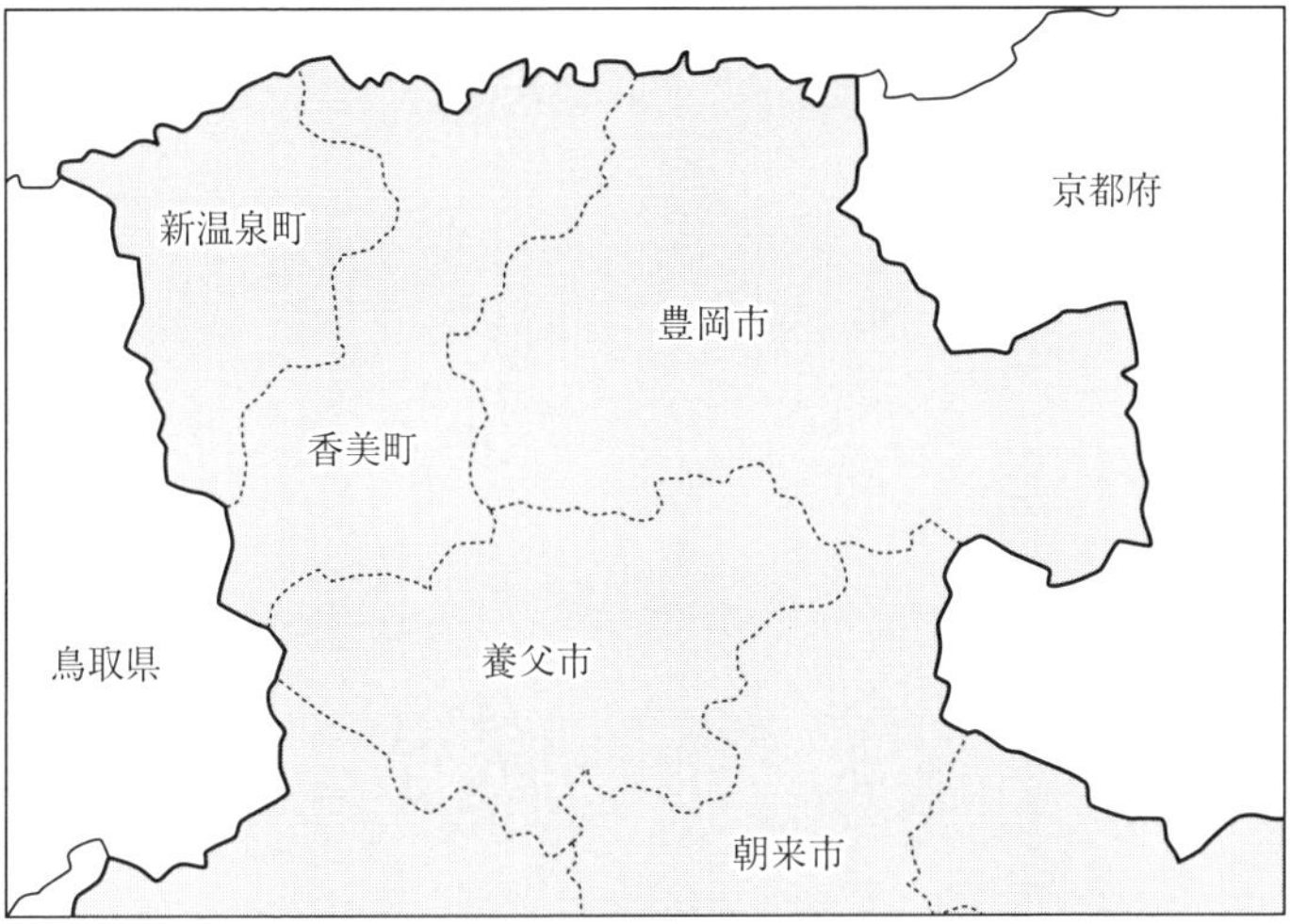

図4　兵庫県但馬地方地図

兼行に土木を運びました。これ全く廃仏の反対が精進の縁となり、戦地の如く他宗道俗の夢をおどろかし、明治八年の春、七間四面二階建の教場が落成しました。
しかる後は、全国より布教師を選んで時々出張を乞い、葬儀年回仏事は寺院に託し三丹州より有縁の信徒参集して、幾日も止宿し聞法とともに示談をなし、益々隆盛に赴きました。その結果、三丹州へ弘教講社を弘め数千戸結合し、従来道俗の悪習を改め金銭を集めず、説教所後来維持方法としては各自より田地を寄付しました。かくて、説教所の基本財産も安全にして本山に献納して本願寺説教所と改めました、これ日本全国に説教所の嚆矢であります。

（「五十年前の本願寺」）

戦後、本願寺派が発行した『寺院名簿』には、説教所の記載項目はなく、記載されている宗教施設は、寺院と宗門直轄の別院・教堂のみである。しかし、戦前の『寺院名簿』には、数多くの説教所が記載されていた。例えば、一九三二（昭和七）年刊行の『本派本願寺寺院名簿』には、表1に見るように、七〇〇近い説教所が記載されている。

寺院と説教所はどう違うのであろうか。どちらも聞法の場ではあるが、寺院の場合は、専従の住職を定めて一定の伽藍などの施設を備えるとともに、本山から寺号を得る必要が

表1　本派説教所種別・教区別設置状況

種別・教区		数
本山立説教所		36
私立説教所	北海道教区	138
	奥羽教区	8
	東京教区	61
	長野教区	4
	新潟教区	1
	福井教区	5
	富山教区	4
	高岡教区	4
	石川教区	2
	岐阜教区	5
	東海教区	24
	滋賀教区	3
	京都教区	13
	奈良教区	1
	大阪教区	62
	和歌山教区	1
	兵庫教区	63
	四州教区	18
	備後教区	13
	安芸教区	104
	山陰教区	17
	山口教区	29
	南豊教区	4
	北豊教区	17
	福岡教区	18
	佐賀教区	1
	長崎教区	15
	熊本教区	6
	鹿児島教区	22
合　　計		699

ある。しかし、宗祖親鸞は一の寺院も建立しておらず、初期真宗においては、説教所に類する「道場」が主たる聞法の場であった。しかし、中世を通じて次第に真宗寺院の建立が進み、近世に入ると、寺檀制度・本末制度の確立に連動して、道場の寺院化が促進され、真宗寺院は急増した。その後、寺院は地域社会の中核的存在として定着してきたが、時代の変化のなかで、その存在意義は大きく揺らぎつつある。

これに比べ、説教所の場合は、存立基盤は脆弱であるものの、新たな信者獲得を旨とする宗教施設として、その自発的活動を促し、教団の活性化に資する点が少なくない。甚左衛門らの建立した豊岡説教所は全国の説教所の模範として、在家信者による新たな布教活動の幕開けを告げるものであり、戦前の布教活動の活性化に大きな影響を及ぼした。豊岡布教所は、戦後も本願寺派直轄の豊岡教堂として存続していたが、残念なことに、二〇〇八（平成二〇）年に諸般の事情から閉鎖されている。

第二章　弘教講取締としての活躍

一、弘教講の結成

一八七五（明治八）年は、仏教側にとって廃仏状況を脱して新たなスタートを切る絶好の年となった。この年、神仏合併布教の差止指令（四月）、大教院解散（五月）、信教自由を保障の口達（一一月）があり、以後、各地で教会・結社運動が活発化していった。
松田甚左衛門ら三丹地方の有志が同年春に豊岡説教所を新築したことはすでに述べたが、その直後に弘教講《ぐきょうこう》という結社が組織されている。その経緯を甚左衛門は次のように回想している。

豊岡教務所落成後直に一は法味愛楽《あいぎょう》のため、一は本山参拝の便利を計らんがため、三丹州に弘教講というものを組織致しました。

先づ京都六条に一百坪の地面を買い求め、総二階建て畳二百五十枚を敷き得る社員詰所を建築しました。しかるに因伯両国の信徒より同盟を申込んで来ましたから、ついに三丹因伯五ヶ国より広く宗派を論ぜず真宗有縁の信徒、五千有余戸二万数千人の大団体を組織しまして、京都詰所を本部に改めて五ヶ国に支部説教所七ヶ所を設立して、各々取締責任者を定めました。本部の取締は私と、丹波の長尾庄左衛門、但馬伊平、増井清七、江州の蚊野平兵衛、因幡の中島喜三郎の六人で、その任に当りました。この時、全国より加入の申込みもありましたが、蓮如上人の仰せに正義たるともしげからんは停止すべき旨を承っていますから、悉く謝絶致しました。講社はいよいよ盛大に趣きまして、遂に法主殿よりは御消息下付になり、本山より春秋両度法義引立のため布教師を派遣せらるるに至りました。

（「五十年前の本願寺」）

本願寺門前に詰所（本部）を設けたことで、本山に問題が生じた際には、いつでも数百の信徒を上洛させて活動することができるようになった。明如も弘教講への活動に大きな期待を懐いていたようであり、一八七七（明治一〇）年に弘教講に対して次のような消息を発している。

其地はいまだに巡化の便なく、うつくしく当流の教義執持躬行せられ候ことや、いかがと懸念のことに候。しかるに門葉中いつころより、弘教講と名づけ法義相続せられ候由、此うへもなきことに候。このたびふみかき教示せよと申勧められ候まま、つたなき筆を染め候。（中略）かへすがへすも其地の同行相たがひに力を仏教につくし、法義ますます盛に相成候やう希ふ所に候也。
（『明如上人御消息集』）

この当時、明如は他の教会・結社にもたびたび消息を発している。一九二七（昭和二）年に本願寺派が刊行した『明如上人御消息集』には、一八七一（明治四）年の法主継職から歿する前年の一九〇二年までの三〇年間に明如が発した消息六〇通が収められている。その内、一八八二年までの最初の一二年間のものが八割近くの四七通を占める。なかでも教会・結社に宛てたものは多く、美濃国和讃講（七一年一〇月）、武蔵国横浜十二日講（七一年一二月）、尾張知恩講（七二年六月）、東京築地女人相続講（七三年三月）、函館別院十二日講（七五年四月）、京都十二日講（七五年九月）、薩摩国煙草講義（七六年四月）、讃岐国讃仏講（七六年四月）、但馬国弘教講（七七年五月）、讃岐国北砂糖講（七八年五月）、越中国富山太子講（七九年一月）、安芸国真宗教社（七九年一月）、大阪障子講（八一年一月）、讃岐国十一日講（八二年二月）などに向けて発せられた。

一八七〇（明治三）年の段階で、西本願寺の負債額は七六万両まで膨らんだが、七八年頃にはほぼ償還を終えている。わずか数年で負債を償還できた原動力には、活発な教会・結社の活動があったと考えられる。

弘教講の場合は、丹後・丹波・但馬・因幡・伯耆の五ヶ国に範囲を限定したようだが、結社のなかには、さらに広く全国的な巨大組織に発展したものもあった。その典型は、社員二八万人にも達したとされる酬恩社《しゅうおんしゃ》である。そもそも酬恩社は、関東の熊谷県（現在の群馬・埼玉県の一部）への開教活動に赴いた山口県出身の小野島行薫《ぎょうくん》が、一八七六（明治九）年二月、同地で信徒勧誘を図るために設立を企図したものであった。当時の熊谷県令楫取素彦《かとりもとひこ》は、関東は仏教信仰が薄く民情が荒いと感じており、妻寿子（吉田松陰の妹）が熱心な真宗の信者であった影響もあって、明如に布教使の派遣を懇願し、小野島が同地に派遣されたのであった。小野島は、自伝『對榻閑話《たいとうかんわ》』のなかで、新たに北関東に進出するにあたって他宗派との軋轢を避けるために、こうした教社を設立する必要があったと回想している。はたして、その方策は功を奏し、設立後の酬恩社は前橋・高崎・熊谷・浦和などに次々と説教所や出張所を設置して、従来真宗の教えが広まっていなかった群馬・埼玉県に布教の基盤を築いていった。七八年八月五日には内務省の設置認可を受け、同年一〇月に酬恩社規則を制定。この間に、群馬県前橋に第一分局を、埼玉県熊谷に第二分局を、神奈川県八王子に第三分局を置いた。さらに小野島は、翌月に京都を経て九州へと至り、各地を巡回して酬恩社の趣旨を鼓吹し、翌七九年一月には熊本に第四分局を設置した。

二、本願寺派学制の発布

一八七五（明治八）年五月、教部省の通達により神仏合併教院が解体されたが、仏教僧侶は引き続き教導職の立場にあり、仏教各宗派は大中小教院に代わる教導職の養成機関を設置する必要に迫られた。また、旧来からある僧侶養成機関を近代的学校制度へと改編することも急務の課題であった。

一八七六（明治九）年三月、東西本願寺・専修寺《せんじゅじ》・錦織寺《きんしょくじ》の真宗四派は、共同で「真宗宗規綱領」を制定した（同年九月に興正派の別立により五派共同となる）。綱領は、八七年二月に真宗五派共同管長制が廃止となり、四月に各派個別の管長制となるまでの間、真宗五派共通の寺法であった。その綱領では、仏教教団の布教の自由を認めた国家の宗教利用の趣旨に応答するため、教団組織を再編する意図が述べられ、第五編においては、大中小教校の設立構想が次のように記されていた。

第五編　学制

本宗各派本山ニ於テ大叢林ヲ設ル由来久矣。或ハ学庠《がくしょう》学寮学林ト称ス。即チ本宗ノ教義及ヒ仏門諸宗ノ教相ヲ学習セシム。而テ神儒諸典ニ通スルヲ外学ト称シ、亦之ヲ兼ネシム。（中略）其制各派同シカラスト雖モ、皆本山ニ一学校アルノミニシテ、各地方ニ至テハ末派ノ僧侶私塾ヲ開キ、各其所長ノ業ヲ授受セシノミ。故ニ全国ノ僧侶教育ノ方法未タ其宜キヲ得ス。故ニ今大中小ノ三教校ヲ分チ設ケ、各学課ヲ定メテ以テ宗規ノ一則ニ備フ。其概略左ノ如シ。

第一条

本宗所依ノ仏経伝灯諸祖ノ著述之ヲ研究スルヲ専門ノ正科トシ、汎ク釈迦立教ノ大旨ヲ弁へ、旁ラ仏門諸宗ノ所立ニ通スルヲ専門ノ兼科トス。而テ本宗ノ教タル、啻ニ来世得脱ノ真門ヲ諭示スルノミニ非ス。今日百般ノ俗事ニ就テ人民当行ノ義務ヲ知ラシム。是ヲ真俗二諦相資ノ教義トス。故ニ世間普通ノ学術ヲモ亦之ヲ兼学セシム。

第二条

前条ノ学科ヲ分チ専門普通ノ二トシ、普通ノ中更ニ上下二等ヲ分チ、各等級ヲ立テ以テ教徒進学ノ次第トス。

第三条
各派内所設ノ教校分テ大中小ノ三等トス。大教校ハ之ヲ本山ニ設ケ、中教校ハ各大区（区分ハ末徒統轄法中ニ載ス）中ニ一所ヲ設ケ、小教校ハ各県下ニ一所ヲ設クルヲ法トス。（以下略）

（『真宗史料集成』第一一巻）

本願寺派では、「真宗宗規綱領」の制定に先立つ一八七五（明治八）年四月、学林の改革を期して「林門改正規則書及達」が下された。そのなかでは、一般民衆が中小学校において教育を受けつつある状況を重視し、これを教化すべき僧侶（教導職）の養成についても、中小学校に対応する教育機関を設け世間一般の学問を修学させることの必要性を強調していた。

さらに同年一一月には、中小教校の教師養成を目的として、教師校の開設を発表し、翌七六年三月の「真宗宗規綱領」制定を経て、同年一〇月二三日に次のような「学制」が全国の末寺僧侶に対し発布された。

学　制

教校所在及区別之事

第一章　派内所設ノ教校分テ大中小ノ三等トス
第二章　大教校ハ本山ニ於テ之ヲ設ク
第三章　中教校ハ全国七大教区中各一所ヲ設クヘシ
第四章　小教校ハ各府県下ニ各一所ヲ設ルヲ法トスト雖地ノ広狭ト末寺ノ疎密トヲ視テ適ニ小教区ヲ分ケ毎区一所ヲ設クルコトアルヘシ（以下略）

（『本山日報』明治九年第一七号）

この学制の発布以降、各地方で小教校が進み、表2に見るように、すでに一八七七（明治一〇）年八月の時点で一三校が設置された。

三、地方小教校の設置

但馬地方でも小教校は設置された。一八七七（明治一〇）年九月九日、兵庫県但馬国の奨学係惣代の姑射得聞《こやとくもん》と若宮正海とは、出石《いずし》郡出石小人《こびと》町福成寺を仮校舎に翕習教校を開設して、一〇月一〇日に開業式を挙げる旨を本山に届け出ている。七九年には三丹地方の法中が協議し、豊岡に教校を移して布宣教校と改めることを決めた。豊岡光行寺に西洋風

表2　地方小教校の設置状況（『本山日報』明治一〇年第一六号をもとに作成）

所在	所管教区	教名	開業年時	届出年時
大阪府	島上・島下両郡	練学教校	学制発布以前	学制発布以前
三重県	県内一円	五瀬教校	明治九年一〇月八日	明治九年一〇月二四日
滋賀県	県内一円	金亀教校	明治九年一〇月二一日	明治九年一〇月五日
山口県	県内一円	開導教校	学制発布以前	明治一〇年一月八日
島根県	石見国一円	楓川教校	未詳	明治一〇年一月二三日
広島県	安芸国一円・備後国西ノ郡	進徳教校	明治一〇年二月二〇日	明治一〇年二月二〇日
大分県 福岡県	豊前国一円	開闡教校	未詳	明治一〇年三月七日
兵庫県	摂津国五郡	琴浦教校	明治一〇年三月一六日	明治一〇年三月一二日
広島県	備後国東六郡	博練教校	未詳	明治一〇年五月一日
堺県	河内・和泉両郡	白鵬教校	明治一〇年七月	明治一〇年六月一九日
長野県	県内一円	津梁教校	明治一〇年七月一〇日	明治一〇年七月二〇日
愛媛県	讃岐国一円	玉藻教校	明治一〇年七月二〇日	明治一〇年七月一九日
堺県	大和国一円	大和教校	明治一〇年八月一五日	明治一〇年八月一三日

校舎を新築することになり、建築にあたって弘教講も協力したようである。
その後も、全国で地方教校の設置は進み、一八八一（明治一四）年五月にその数は三五校に達した。当時設置された教校は以下の通りである。

宮城教校　宮城県下陸前国宮城郡仙台東一番町別院内（一九〇〇年以前に閉鎖）
積徳教校　東京府下武蔵国豊島郡築地三丁目別院内（後に模範仏教中学・第一仏教中学などを経て高輪中学校に改組。現・高輪高等学校）
山梨教校　山梨県下甲斐国都留郡瑞穂村福源寺内（一八八八年以前に閉鎖）
津梁教校　長野県下信濃国水内郡浅野村正見寺内（一八八二年新潟興仁教校に合併）
専精教校　新潟県下越後国三島郡与板別院内（一八八二年新潟興仁教校に合併の後、八七年兼利教校として再興。九七年信越教校に改称の後、一九〇〇年閉鎖）
真進教校　新潟県下越後国中頸城郡伊勢町専念寺内（一八八二年興仁教校を名称変更。一九〇四年閉鎖）
空華教校　石川県下越中国上新川郡富山惣曲輪（後に徳風教校を経て越中仏教中学に改組。一九〇二年閉鎖）
羽水教校　石川県下越前国足羽郡福井尾上町別院内（後に顕白教校・福井仏教中学・第

二仏教中学を経て北陸中学に改組。現・北陸高等学校）
綜練教校　石川県下加賀国石川郡金沢西町一番丁（一八八八年以前に閉鎖）
金阜教校　岐阜県下美濃国厚見郡岐阜西野町別院内（一八九七年閉鎖）
五瀬教校　三重県下伊勢国桑名郡桑名新町（後に三重仏教中学に改組。一九〇二年第三仏教中学に吸収合併）
金亀教校　滋賀県下近江国犬上郡彦根金亀町（後に金亀仏教中学を経て、一九〇二年に京都に移転、第三仏教中学・平安中学に改組。現・龍谷大学付属平安高校）
大和教校　大阪府下大和国高市郡今井町（一八八七年に吉野に移り芳山教校と改称。翌年真利教校へと改称の後、大和仏教中学に改組。一九〇二年閉鎖）
白鵬教校　大阪府下和泉国大鳥郡堺宿院東二丁別院内（一八八八年以前に閉鎖）
練学教校　大阪府下摂津国島上郡富田町本照寺内（一八八二年頃閉鎖）
学仏教校　大阪府下摂津国大阪東区本町四丁目別院内（後に大阪教校に改称。一八八八年以前に閉鎖）
琴浦教校　兵庫県下摂津国武庫郡西之宮正念寺内（一八八八年以前に閉鎖）
履信教校　兵庫県下播磨国揖西郡正条村（後に姫路仏教中学に改組。一九〇二年閉鎖）
布宣教校　兵庫県下但馬国城崎郡豊岡滋茂町（一八八八年以前に閉鎖）

予章教校　和歌山県下紀伊国和歌山区鷺森別院内（後に和歌山仏教中学に改組。一九〇二年閉鎖）

楓川教校　島根県下石見国那珂郡片庭町（後に楓川仏教中学に改組。一九〇八年閉鎖）

島根教校　島根県下出雲国松江石橋町（一八八七年頃閉鎖）

博練教校　広島県下備後国品治郡新市村（後に備後仏教中学に改組。一九〇一年閉鎖）

進徳教校　広島県下安芸国広島区寺町仏護寺内（後に広島仏教中学・第四仏教中学を経て崇徳中学校に改組。現・崇徳高等学校）

開導教校　山口県下周防国吉備郡山口大附町（後に山口仏教中学に改組。一九〇二年閉鎖）

玉藻教校　愛媛県下讃岐国那珂郡塩屋村別院内（後に四州教校・白道教校を経て四州仏教中学に改組。一九〇二年閉鎖）

崇信教校　福岡県下筑前国粕屋郡青柳駅（後に福岡仏教中学・第四仏教中学福岡分校を経て、筑紫高等女学校に改組。現・筑紫女学園高等学校）

樹心教校　福岡県下筑後国山門郡恵美須町西方寺内（一八八八年以前に閉鎖）

開闡教校　福岡県下豊前国上毛郡都宇之島（後に北豊仏教中学に改組。一九〇二年閉鎖）

開明教校　大分県下豊後国大分郡勢家町威徳寺内（一九〇〇年以前に閉鎖）
振風教校　長崎県下肥前国佐賀郡高木町願正寺内（後に西肥仏教中学・第五仏教中学を経て龍谷中学に改組。現・龍谷高等学校）
崇徳教校　長崎県下肥前国藤津郡馬場下村三宝寺内（一八八八年以前に閉鎖）
素川教校　熊本県下肥後国熊本区新南千反畑（後に東肥教校を経て熊本仏教中学に改組。一九〇一年閉鎖）
芩陽教校　熊本県下肥後国天草郡佐伊津村（一八九四年以前に閉鎖）
隆法教校　鹿児島県下日向国那賀郡広瀬村（一八八九年頃閉鎖）

（一八八一年五月三〇日付『教海新潮』による。（　）内は筆者の追記）

しかし、一般の小学校教育が定着し、一八八四（明治一七）年に教導職が廃止されると、僧侶子弟も小学校に通学することが通例化した。これにともない、教校は衰退し、順次統廃合されていった。布宣教校も教導職の廃止後、間もない時期に廃校となったようである。

その後、一九〇〇（明治三三）年に発布された学校条例にともなって、教校は一般の尋常中学に準じた仏教中学に改組された。さらに二年度、仏教中学は五校に統合され、明治末年に至って広く在家者を受け入れ、認可を受けて一般の旧制中学と同様の学校に改められた。

表3　地方小教校の進級者数一覧

教校名	普通予科	普通下等	専門予科	計
滋賀県下金亀教校	13	12	3	28
三重県下五瀬教校	16			16
大阪府下練学教校	18	8		26
兵庫県下琴浦教校	11	7		18
広島県下進徳教校	7	20		27
山口県下開導教校	15	13	1	29
島根県下楓川教校	12	14		26
計	92	74	4	170

（『本山日報』明治10年第22号附録をもとに作成）

四、大教校の建築

地方小教校が設置されはじめると、上位学校の整備が必要となった。一八七七（明治一〇）年一〇月発行の『本山日報』によれば、すでにこの段階で表3に示すように、二〇〇名近い進級者を輩出していた。

そこで、従来の学林を大教校に改めて、本科と予備科の二科を置き、予備科を中教校に充当することとなった。そして、その校舎建築のための労働奉仕を申し出たのが弘教講であった。この経緯を松田甚左衛門は次のように回想している。

明治十年の冬本山において大教校建築の旨発表に相成りました。弘教講社員は、かねがね希望しておることでありますから、示談の上、直に次の如く本山に出願しました。

此度御法中学業引立のため大教校御新築被為在候趣き、右は全く私共御教導被成下候基と難有奉存候。右に付き莫大の御入費と奉懇察候。私共講内多人数有之候得共金銭の取持致し兼ね候間、何卒人夫にて御手伝申上度候御聞に相成候へば各々帰国の上申合せ御入用の人夫御引受申上度候間、急ぎ何分の御指令奉願上候也。

明治十年十一月十六日

松田　甚左衛門
長尾　庄左衛門
増　井　清　七
蚊　野　平兵衛

二等執行香川葆晃殿

右の願書は直に御聴届になりましたから、五ヶ国の講社支部取締に通知しました。各地からは各々毎月数十名の講員極寒極暑をも厭わず、数十里の路程を遠しとせずして上京し、本部に集合しました。

そもそも、維新以来政府は大中小の学校を設けて、山間の民まで教育日々に進歩する時勢でありますから、これを教導すべき僧侶の学を勤むべきはいうまでもないことであります。上京の社員何れも喜び勇んで、寒暑を厭わず念仏三昧にて、昼は作事場に勤務し、夜は互に法義を談ずるを楽しみとして、二ヶ年の久しきにわたり、数万の夫役に任じ土木の運方一切を引き受けたる甲斐あって、明治十二年の春は目出たく上棟式を挙げられました。社員の喜びはいうまでもありません。なお引きつづき明治十五年まで、数十名ずつ交替に台所の賄方人夫をつとめました。これひとえに我が身教導を熱望し、真の知識の出で給わんことを希う念願の外はありませんでした。今、つらつら数十年間宗学の進歩を伺いますに、知学は進み易いものですが、宗祖大師の御化風の如く自信教人信御実行の御方は、まことに稀なる様に見受けられますのは、教校設立の当時の精神に背きて誠に残念千万であります。（「五十年前の本願寺」）

一八七九（明治一二）年五月に校舎が落成して開場式を挙げ、大教校規則が発布された。その第一条には、「本校は本派僧侶の為に内典専門学科を授る所とす。然れども傍ら外学に通じ、時制を弁ぜざれば他日布教の功に欠く所あらんことを恐る、故に諸科を授べし」と規定され、真宗学・仏教学以外にも広い学問領域を講究していく方針が示された。その

図 5　大教校本館（現・龍谷大学本館）
北黌・南黌・旧守衛所などとともに重要文化財に指定されている。

後も、大教校は本願寺派の最高学府として存続し、幾多の変遷を経て、一九〇〇年発布の学校条例により仏教大学に改組された。さらに一九二二（大正一一）年には旧大学令により龍谷大学として認可され、戦後に新制の大学となり、総合大学に発展して今日に至っている。

しかし、すでに大正初年の時点で甚左衛門は、その教育が知識教育に偏り、真宗信仰に裏打ちされた人間教育としての成果を上げていないと厳しく批判している。大教校の伝統を継ぐ龍谷大学は、弘教講の託した願いに思いを寄せ、建学の精神を常に確認していく必要があると考えられる。

五、築地別院の再建

一八七二（明治五）年二月二六日、和田倉御門内元会津侯邸跡からの出火により築地一帯が延焼し、築地別院をはじめ地中寺院がことごとく類焼した。三月七日、明如は新政府との折衝のため東上したが、止むを得ず一九日に芝西久保の光明寺に入った。同年六月に至ってようやく間口一〇間、奥行一四間の仮堂が完成し、明如はここに移った。

当時の本山の財政は厳しく、新本堂の建築には容易に着手できなかった。しかし、大教院分離運動など新政府と交渉すべき案件も多く、首都に布教のための拠点となる施設を整備することは急務であった。そこで、大教院の建築に着手したばかりの松田甚左衛門であったが、利井明朗《かがいみょうろう》の依頼を受け、弘教講の講員とともに築地別院の再建工事の手伝いのために東京に行くこととなった。このときのことを甚左衛門は次のように回想している。

利井明朗氏が執行長の職にあらせられる時、私を呼んで、東京は百般政治の母元、人民集合し外国諸国まで伝波する大都会であるのに、未だ布教の充分に行き届かざるは残念至極である。ついては、幸い目今築地別院再建中であるから、表面その御手伝のために、内実は布教者の手足として東京諸講員と一心同体になって布教につとめ、かつ情況視察のため、男女にかかわらず法義篤信の人を引連れて東上してくれよと頼まれたことがありました。

そこで明治十年の冬から三丹因伯その他の弘教講社員男女前後二十余名相談して、百七八十里の道中、路金等は悉く自弁して東上出発しまして、別院の境内に弘教講仮詰所を造って、日中は作事場の手伝をし、夜分に布教師について聞法しました。そういう風にして二十余名は二ヶ年を東京で過しました。

明治十二年五月には、法主殿東上目出たく上棟式も相済みましたから、一同法主の帰山を待って帰郷せようとしておる際、計らずも所謂北畠騒動なるものが持上って、またまた約三ヶ月余滞京せねばならぬことになりました。

その時東京に詰めた人々は左の如くであります。

但馬国　岸野伊平　西村助太郎　野村磯吉　木下安太郎　金子多助　金子せき女

畠中はつ女　渡邊こと女　井上まつ女　瀧本みよ女　村尾たか女　中田伊右衛門

松田甚左衛門

丹後国　水上林太郎　矢野亀右衛門

丹波国　福田長助　西村松右衛門

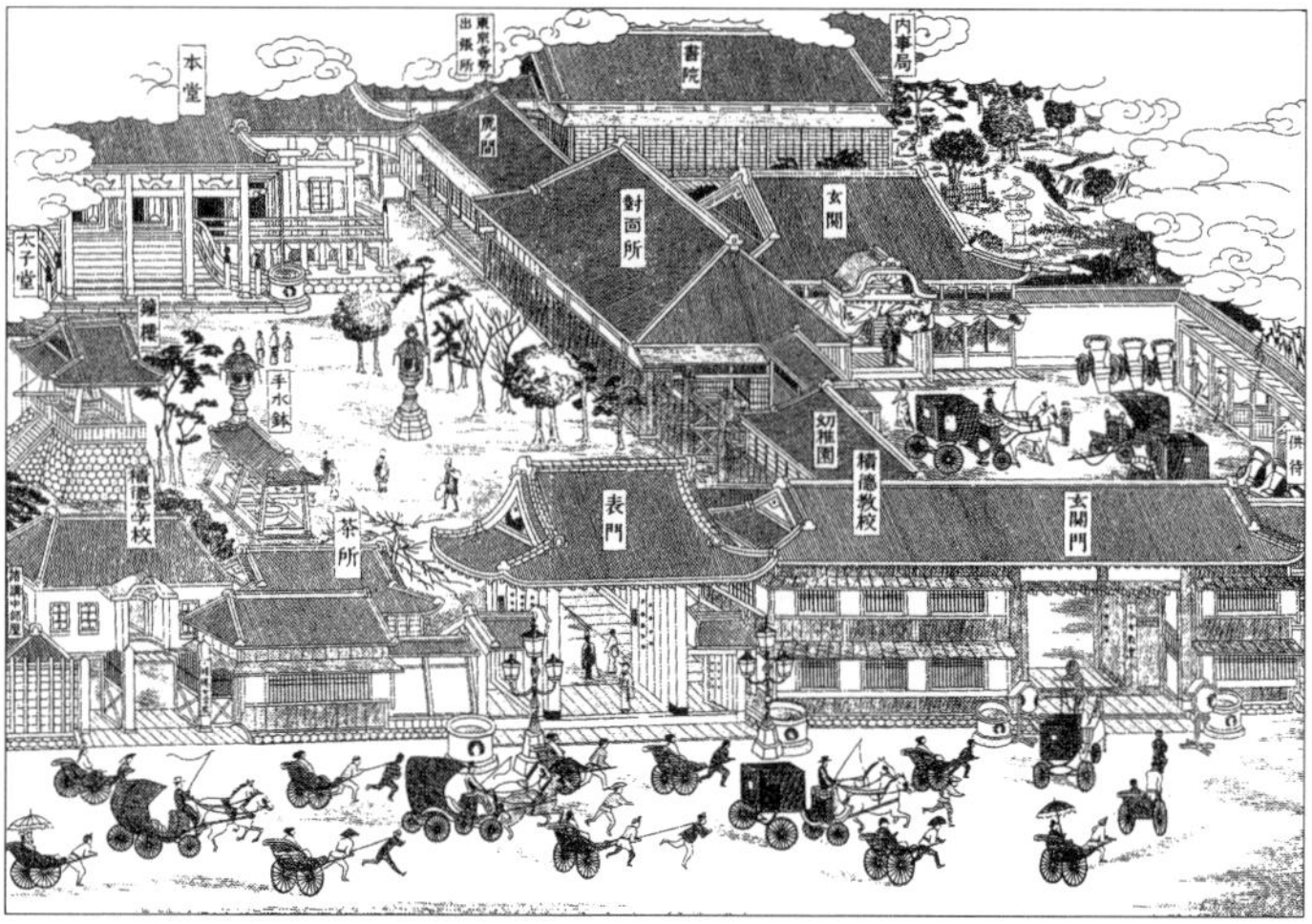

図6　築地別院の絵図（『婦人教会雑誌』14号〈1889年３月〉より）

因幡国　安井傳平　臼井定十郎
　津山多吉　宮内勘十郎
伯耆国　戸崎たか女　倉本平四郎
　泉太平郎
京　増井清七
近江　蚊野平兵衛
（「五十年前の本願寺」）

政府が火災予防のため煉瓦石をもって建築するよう布告していたため、新本堂は三方の壁に煉瓦石を用い、正面だけに木材を用いた和洋折衷の構造とした。再建工事は、一八八二（明治一五）年春に落成し、五月に明如を迎えて遷仏式・落慶法要が厳修された。

しかし、この本堂も一八九三（明治二

六）年に火災で焼失した。一九〇一年に再建されたが、さらに一九二三（大正一二）年の関東大震災で焼失し、伊東忠太の設計による古代インド様式の本堂が竣工したのは一九三四（昭和九）年のことであり、これが戦災を免れ現在に至っている本堂である。

ところで、甚左衛門は東京滞在中にキリスト教の布教状況を見聞し、強い感銘を受けたようであり、次のように語っている。

東京滞在二ヶ年間の見聞及び所感を少し述べて見たいと思います。東京には向築地居留地には各国基督教会堂や、駿河台ニコライ会堂をはじめ所々に教会堂がありましたから、日曜日毎に参拝して実地を見聞しました。西洋本国では随分悪習慣も行われているということでありますが、日本では初めて開教することでありますから、中々整然としたるもので、毎日曜日は午後二時前から信徒が集合し、中には馬車人力車で来る者もあって中々の盛況であります。二時になりますと、キチット門を閉して出入を禁じ、先づ讃美歌より説法祈禱という順に式があります。その際の静かさはとても真宗の寺院などの及ぶ所ではありません。式がすんで門を出てはじめて互の挨拶をするという位で、その時間を守る事、秩序ある事、実に我等の模範とすべき所で感心の外ありません。（中略）

今東京で外教の美風を見て、真宗旧時の悪弊を思い出せば感慨深きものがあります。専修正行の繁昌は遺弟の念力より成すると仰せられてあります。どんなにその教義は立派でも、これを奉ずる僧侶や信徒の行状が治まらなければ、遂にその法まで傷つけることになります。ゆえに、真宗道俗共に大いに改革せねばならぬ事と感じまして、東京引き取りの後、但馬豊岡説教所を全国教場の模範的に改造せんと同志と計りました結果、第一畳高座を売払い、椅子と机に改め男女の席を両方に教会堂の如く実行しました。

しかるに、二ヶ年間に二度も旧習に還りましたハハハハハハ。

今つらつら昔の所為を按ずるに、外教徒の行為をうらやみ、多くの友人を惑わしめ自損他損の大罪を造りました。しかるに、高祖大師の仰せに、各々業識別なる故に万機を同一にする事仏力も及ばず、との御仰せを信ずる時は、独り念仏して日送りする外はありません。

（「五十年前の本願寺」）

六、東移事件

一八七九（明治一二）年五月一九日、明如が築地に到着した。二年間にわたり基礎工事に従事した松田甚左衛門ら弘教講の講員たちは、明如に随行して帰郷すべく準備をしていた。ところが、別院再建の上棟式が延期となり、七月一〇日になってようやく執行され、その後も帰山の日は確定しなかった。当初、甚左衛門ら一同は不審に思っていたが、実はこの間の六月一四日に明如は、北畠道龍《きたばたけどうりゅう》を総轄とする改正寺務所を東京に置き、執事代大洲鉄然以下の京都本山の役員を罷免していた。いわゆる東移《とうい》事件（「北畠道龍事件」ともいう）が起こっていたのである。

明治初年以降の西本願寺の寺務改革は、防長の末寺僧が主導権を握って推進されたが、背景には政府内の長州閥との密接な関係があった。ところが、特に大洲や島地黙雷と関係の深かった木戸孝允が一八七七（明治一〇）年五月に歿し、京都公家派の岩倉具視らの勢力が台頭すると、防長末寺僧の専制宗政を取り巻く環境は急変した。翌七八年七月、明如は島地に異安心の疑いありとして宗政当局に調査を命じ、この事件を契機として、防長グループと反防長グループ（明如側）との対立が顕在化していったのである。

明如は、東上に先立つ一八七九（明治一二）年四月、北畠に対して改正百般の事務すべてについての委任状を発しており、同年六月一四日に東京改正寺務所の設置と京都本山役員の罷免が発表されると、約二ヶ月間にわたって教団は大混乱に陥った。このとき、京都本山側の役員のなかにあって、最も精力的に活動したのは利井明朗であった。利井は、同月二二日、全国の布教係・大教院教職員などを集めて私見を演達し、あくまで東移は北畠ら側近の企てであり、明如が帰山し直接の指示を仰ぐまで京都本山寺務所を解散しないという姿勢をとった。さらに、その旨の上申書を明如にも申達している。

利井と関係の深い弘教講の面々もこれに同調し、七月一八日、講員五二名連名で、明如宛に帰山を求める嘆願書を送付した。嘆願書には帰山が認められない場合は、講員一同が東上する覚悟であり、そうなれば容易ならざる事態になると記されていた。一方、京都からの電報等で状況を知った甚左衛門は、明如に面謁を求めたが許されず、弘教講の嘆願書に以下の書状を添えて送った。

本書願之通、但馬国豊岡説教所結合弘教講村之有志惣代、連名ニて只今願出候間、くまい《(愚昧)》之宗民ふびんとおぼしめし、御しれいニ相成候へ者、一時もはやくさしおくり、一統安住《ぢう》致候ようと存、ふしてねがへ上奉候。以上。

七月廿四日

当御境内弘教講ニて　松田甚左衛門㊞

大法主殿

（『本願寺宗会百年史』資料編下）

この書状のなかで、甚左衛門は自らを「宗民」と表現し、教団に対する強い帰属意識を示している。しかし、これらの書状は明如のもとには届かなかったようである。甚左衛門は、当時の状況を次のように語っている。

東西両京の間に於ける論判は容易に片付きそうにもありません。三ヶ月の永い間にもなりますれば、自然その噂は日本全国に伝わって、漸く安堵の思いに住していた信徒は再び驚かされて心配しだしました。中にはわざわざ東上する人もあります。その外、上願書とか、建白書とかいうて別院には日々到達しますけれども、北畠の手元で皆揉み潰されて、法主の手元に達するものは一通もありません。本山学校職員総代も東上せられましたが、門内に入ることさえも許しません。その時の別院輪番は長谷川楚教《そきょう》氏でありましたが、輪番さえ自宅に引き籠って、別院とは交通遮断になってしまいました。ところが、我々弘教講員は満二ヶ年の間別院の境内に住居して門番までも致しておりましたから、別院内の事情から市内諸講員の有様は委細に存じております。そのために問題の主人公になっておる北畠氏は、一時は夜分門の出入通行は危険で、仕込み杖を携えてござるという位の有様でありました。

（「五十年前の本願寺」）

七、明如帰山の奉迎

東京での膠着状況が続くなか、松田甚左衛門はいったん京都に帰る決意をした。東京に留まっていても打開の方策は見えず、京都本部に集結した約三〇〇人の講員が毎日のように電報を送ってくるため、その気持ちを鎮める必要があると考えたのであった。しかし、その前に是非とも明如の意向を確認しておきたいと考えた甚左衛門らは、帰り支度を整えて早朝に別院大玄関に集合し、明如への面謁を申し出た。そのときのことを甚左衛門は次のように述懐している。

しきりに請求したところが、やっとのことで夜分になって面謁が許されました。対面所下段の間に法主出座になり、中の間両脇には諸役人一同出席し、次の間に我々弘教講員が出席しました。法主殿仰せには、各々法義篤信の上より御堂再建中永々手足を運ばれ、ことにこの度は予の帰山を申込まれ、その意神妙の段深く喜ぶところである。予も遠からず帰山致すゆえ、各々帰京の上は念仏もろとも予の帰山を待たれよとあって、直に御立去りになりかけました。

これを見ました私は、直に中の間諸役人を押しわけすすんで、涙とともに御衣の袖に手をかけ、この度法主殿東上後、突然命令と称して本山諸役員御免職となりまして以来、一般門末の心配は一方ならず、幸に明朗執行長の大任にあらるるをもって、未だ職を辞せずして、その実否を質さんがため私どもと相通じて、日夜本山の内情通知これありまするが、実に維新以来の廃仏論難をきりぬけ給い、ようやくの事にして今日では一先づ安心の場合と相成りました。しかるに当時の艱難の実地を夢にも知らぬ道龍氏が、法主殿の命令といつはって、一百三十里の路程をへだてて、事務の引継ぎもなく本山明渡しを迫りまするといえども、真実法主殿の御命令ならんとは私どもをはじめ一派の上下誰一人として信ずるものはありません。これをもって、私ども無智文盲の身ながらも、愛山のあまりより、あるいは建言書を奉り、あるいは面謁を願うと雖ども、諸役人等言を左右に託し未だ一度もその旨を御上に達せず、遂に今日に至った次第

図7　明如（大谷光尊、一八五〇〜一九〇三）
（『明如上人伝』より）

で御座りまする。道龍氏は一宗の大事を眼中に置かず、ただ自分一人の欲望を達せんがため、謀叛を企つるものと信じます。

これまでいうと、諸役人いよいよたまりかねて、中の間から、もうよいもうよい、引き取れ引き取れといいましたが、なおも語をついで、逐一本山の内情を申上げ、一日も早く御帰山あって充分の改革なくば全国門末の騒乱を引き起すべく、すでに弘教講社員も御見舞のため三百余名京都本山の下に集合致しおる程の有様でありますれば、私ども一応帰京つかまつり、その人どもに当方の状況を申述べ、再び多人数にて御迎えに東上つかまつる考えにて御座りまする、と言々句々涙とともに申上げました。かくいい置いて我等一同立とうとしますと、鞘《さや》の間から警官が多人数あらわれて、私どもを取巻きましたから、何故かと尋ねますと、貴殿等が命を捨てて云々と申立つるから、我々は人民保護の任務を全うせんとする迄であると答えし故、決して軽々しく無謀のことは致しません、御安心ありたし、というて立去りました。

（「五十年前の本願寺」）

甚左衛門らが京都に戻ると、弘教講の講員数百名が上洛して本部に集結していた。なかには東京までの旅支度を整えて甚左衛門らの帰着を待ち構えている者もあった。直ちに講員らに東京での状況を説明した甚左衛門は、八月二日に本山寺務所に対し、近々に講員四、五〇名とともに、明如を迎えるため東京に向かう予定である旨の届書を提出した。

重ねて八月六日には、吉田市蔵（伯耆）、臼井定十郎（因幡）、後藤恵祐（丹波）、長尾庄左衛門（丹波）、奥田三右衛門（丹波）、畑中彦右衛門（但馬）、松田甚左衛門（但馬）の連名で、日野澤依・六雄《むつお》澤慶《たくきょう》両連枝《れんし》に対して届書を提出した。そこには、東京改正寺務役員と京都本山役員の対立を解決するためには、明如に帰山を促し指示を仰ぐほか方法がなく、弘教講員が奉迎のため東上したい旨が記されていた。明如の帰山の見込みが立たず苦慮していた本山からは、至急に奉迎のために東上するようにとの依頼を受け、本部に参集した数百名の講員のなかから五二名を人選して、焼けつくような猛暑のなか、甚左衛門らは東京に向けて出発した。

同じ頃、三条実美《さねとみ》ら政府要人から帰山の勧告を受けていた明如も帰山を決意していた。八月八日に東京改正寺務局総理の北畠が病気を理由に辞職願を提出すると、八月一〇日、明如は東京を出立した。甚左衛門らは、浜松日坂《にっさか》宿周辺まで進んだところで、明如出立の報を受け、この地で待機し、八月一六日に明如と面謁を果たしてともに二四日に帰山した。

東京改正寺務局に明確な将来展望はなく、三条らの勧告もあったことから、明如の帰山は必然の結果であったのであろう。しかし、明如の最終決断に甚左衛門らの行動が与えた影響は大きなものがあったと考えられ、この事件の解決を通じて、弘教講ら在家信者が教団内に大いに存在意義を発揮したことは否定できないであろう。

八、公選議会運動とその後

東移事件から公選議会開設へと至る過程のなかで、教団のその後の制度的枠組みは決せられていったが、弘教講の講員は一貫してこれに関与し続けたようである。寺務役員の公選要求は、東移事件の当初より、真宗学庠《がくしょう》の職員や広島県内の僧侶により主張されていたが、明如が帰山した八月下旬以降は防長グループも加わり、公選党として結束して明如に議会の開設を迫った。河内光蓮寺の稲城峰朗は、公選党の状況を内偵した「内密上申」を明如に逐次送っているが、そのなかに次のような箇所がある。

又同日（九月十日）同人者来訪スル途中、両三人愚ヲ見テ忽チ走リ寄ルアリ。是大和国広瀬郡大垣内村拙寺末寺光蓮寺門徒等ナリ。公等何ノ用アリテ登京セルヤヲ問フニ、去日弘教講取締人甚左衛門並増井清七ナルモノヨリ、郵便ヲ以テ招ケルニ依テ上京セルナリ。而シテ猶去日々公選挙論御採用ノ御指令ヲ請ン為、事務所ニ出頭セント欲スト。

（『本願寺宗会百年史』資料編下）

これによると、松田甚左衛門は弘教講の拠点のない大和にまで書簡を送って、公選議会実現のために運動することを求めており、弘教講を中心として相当数の在家信者による公選議会要求運動が展開されたものと推測される。当時本山に提出された建言書には、周防国佐波郡三田尻仏飯講のように、在家信者を含めた公選議会開設を要求した例もあった。しかし、そこには封建的法主尊崇の意識が払拭されておらず、門末の権利意識は希薄であった。この大和の門徒も、公選議会の開設が法主の権限を弱体化することになるとの説得をうけて、故郷に帰っている。

こうして、一時は末寺僧・在家門徒により盛んに主張された公選要求も、一八七九（明治一二）年九月一三日に新宗務体制が発表され、同月一八日に公選議会の開設が指令されると、一挙に鎮静化していった。そして公選議会は、八一年、法主の権限を留保したままこれの諮問機関として発足することとなったが、参加が認められたのは末寺住職のみであり、在家信者の選挙権・被選挙権は認められなかった。

こうして発足した公選議会「集会《しゅうえ》」では、当初こそ全国の各教区選出の惣代会衆（三〇名）と、法主選任の特選会衆（一一名）とが、教団運営をめぐる激しい論戦と駆け引きを繰り広げたが、やがて法主側と末寺僧侶側との相互権益保全の合意が成立していった。結局のところ、明如は寺務所東移を断念する代わりに、防長末寺僧の専制体制を解体し、法主権限の拡大に成功していったのである。しかも教団は、その過程で、積極的に宗政に参与しはじめた在家信者の運動を抑制する方針を採りはじめていったのであるが、この点は第三章に詳述する。

ところで、松田甚左衛門は、明如の奉迎を終えた後、一八七九（明治一二）年冬に故郷浜坂に帰ったが、大病を患い死も覚悟したようである。その病床には、甚左衛門のことを心配した明如、日野澤依、利井明朗、弘教講の講員からの見舞いが届けられた。講員の便宜で遠方から往診した名医の診察もあり、翌八〇年四月には全快し、六月に上洛して活発な護法活動を再開した。この頃の甚左衛門は、日本の急速な西洋化に強い危機感を懐いていたようであり、次のように述べている。

すべて物事に一利一害は免がれ難きものでありまして、明治の御維新においても、また弊害が免がれません。昔の吾々人民は世界といえば、日本唐天竺のみと思っておって、西洋各国のあることなどは夢にも知りません。天竺といえば雲の上にでもある位に考えていた時分でありますから、相州浦賀に米国の軍艦がやって来ますと、さあ驚いたの驚かないのというても一通りのことではありません。上も下も大騒動数百年来の夢はたちまちに醒まされて急激に改革の機運は熟しました。こうなって来ると、何もかも古い物とさえ見れば、みんなぶっこわして、新しい物、新しい物というのが自然の成行であります。宗教界においても、この弊害は免がれることは出来ません。政界に立つ諸名士は千有余年日本の上下に重ぜられた仏教を排斥しようとします。仏教の美点には少しも眼を注がずして旧来道俗の悪習ばかりを捕えて、一も二にもなく廃仏をとなえます。海外に渡航して欧米の文化を視察したものは、あたかも田舎者が京都見物して三条四条の盛況ばかりを見て、その裏面の貧賤未開な有様を見ざるが如く、ただその外形の燦然たるに眼を奪われて、わけもなく欧米の文化を謳歌し、いよいよ西洋文明の長短共に輸入して、日本旧来の実を失おうと致します。

（「五十年前の本願寺」）

九、佐田介石への共感と排耶運動

弘教講の結成の前後、松田甚左衛門は、日本の急速な西洋化に警鐘を鳴らした佐田介石《さだかいせき》に共感して活動したようであり、次のように回想している。

この時、愛国護法論を涙とともに叫んだ人は佐田介石氏です。氏は肥後の国真宗僧侶にして、第一、三府都会の商人の夢をさまして全国津々浦々に及ぼさんと、大阪には報国社を結社し、京都には六益社を組織し、舶来品を一切廃止し、日本固有の諸物品に改めずば、西洋諸国の奴隷になると、利害得失を示したる冊子を印刷して、広くこれを全国に分ち、所々に人民を集め涙とともに都会商人は国を売る国賊である。それ故は、外国人の好む品は日本の売物百般の上等品を買い集め、長崎に持ち出し外人にただ取りにされ、洋反物は一度用いたら紙の如く洗いも出来ぬ物を同地に売り弘めつつある。

今より思うと、おかしくありますが、ケトヲ《（毛唐）》人は日本より銅を持ち帰り、それで金時計を造って来るのであると演説したものです。しかれば、愛国の念なくも各々一家の行末を怖ろしく思い、涙とともにこれらの話を聞き、直ちに入社して連判する人多く、商人は店を改め、舶来品を廃し、個人は涙とともにランプを毀す者もあり、海河に流す者もありました。

ところが、これに反し、介石氏は我国の革命文化を害する大罪人なりと、君は汽船には乗らず九州から来りしやと演説中諸人を押分け大議論を吹き掛ける者もありました。しかし真宗僧侶は多く、介石氏に同盟して諸所に出張して盛んに廃外説を唱えました。

我も同情して、先づ第一、三丹因伯五ヶ国を廻り同志を集合して一時実行しました。

（「五十年前の本願寺」）

京都では、すでに一八七五（明治八）年に同志社が設立されていたが、八一年に入ると、キリスト教布教が活発化しはじめた。この年春には、松原通堀川でキリスト教関係書籍を販売する者が現れ、毎週宣教活動も行い、京都療病院にキリスト教新聞『七一雑報』を寄付するなどした。五月一七日には、四条北の河東芝居場に三〇〇〇人の聴衆を集めて大規模な説教会が開催された。甚左衛門は、視察のため説教会に潜り込み、そのときの模様を次のように述べている。

その時の演題及び弁士は次の通りでありました。

開会の辞　　宮川　経輝

世界を救わん者は基督教か　　新島　襄

阿弥陀如来の説　　米人　ゴルドン

万国基督教の現況　　同　ロアルネデ

真理の勢力　　英人　テシニング

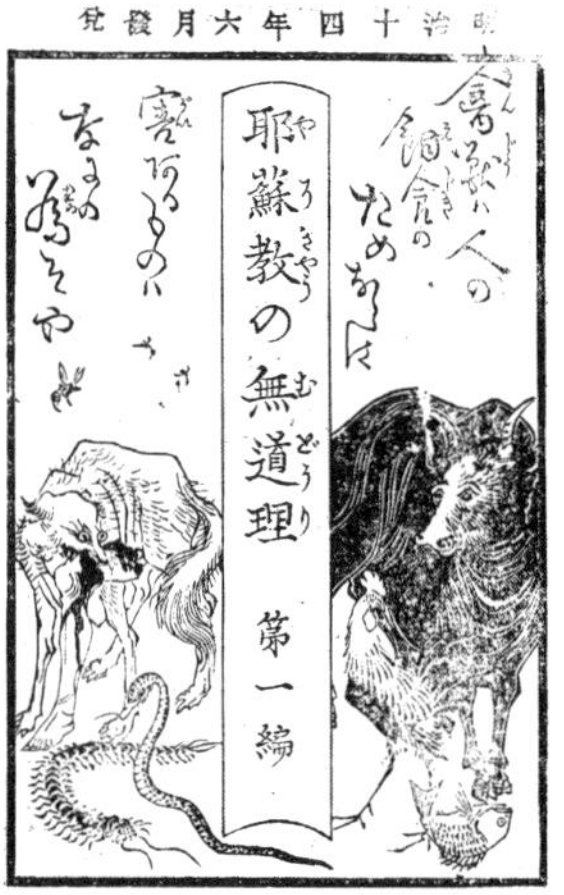

図8 『耶蘇教の無道理』第一編の表紙

基督信徒の家庭　　米人　テホンスト
その他、日本牧師十五名、各々演題をかかげました。当日場内の有様はまるで戦場の如く、弁士が演壇に立ってから一言発する度に議論湧くが如く、その盛況は筆紙の到底尽す所ではありません。
（「五十年前の本願寺」）

強い危機感を覚えた甚左衛門は、説教会の様子を弘教講の講員たちに報知した。すると、各村から二名ずつが上洛し、相談のうえ、金二〇〇〇〇円を投じて、キリスト教を排撃する冊子を作成して全国に配ることを決議した。

こうして六月には、『耶蘇《やそ》教の無道理』と題する小冊子一〇万部を印刷し各地に配布した。著者は近江金法寺の藤島了穏《りょうおん》であった。藤島は、翌一八八二年からフランスに留学し、帰国後は本山で執行などをつとめた人物である。『耶蘇教の無道理』は、仏教の因縁説と基督教の造化説とを比較して、仏教の道理がすぐれていることを論じたもので、第三編まで作成された。この冊子は、京都で講社員が総会所や人の集まる場所へ出向いて施本したほか、大阪では津村別院での説教で配布し、市内の散髪所一万六千余に配置された。

また福井・愛媛松山などの寺院が、キリスト教防御策のため小冊子を取り寄せて門徒らに配布し、各地で開催された仏教演説会でも聴衆に配布され、最終的に数十万冊が配布されたようである。

また甚左衛門は、一八八九（明治二二）年にオルコットが来日したときにも、彼に随行しており、このときのことを次のように回想している。

西洋諸国といえば耶蘇教の外にないと思っておりましたが、全くそうではありません。ここに米人オルゴット氏という方がありました。氏は元米国の陸軍々人で深く仏教に帰依し、ダンマパーラ氏を随行として我が国に来朝し、仏教徒を諸所に集めて自身の信仰を吐露して仏教の真理を説き、あわせて基督教の短所を説きました。

図9　ヘンリー・スティール・オルコット（Henry Steel Olcott, 1832～1907）

アメリカ生まれ、神智学協会の創始に関わり、初代会長に就任。ダルマパーラとともにスリランカの仏教復興運動に尽くした。1889年2月に来日して各地で講演を行い、日本仏教徒の熱烈な歓迎を受けた（『万国霊智学会総長オルコット氏　広陵演説』より）

聞く者は皆その熱誠に動かされて感動せざるものなく、私もその説の感ずべきをもって大いに同情申して、東京まで随行しまして得るところがありました。

（「五十年前の本願寺」）

後に甚左衛門は、偏狭な排外思想や愛山護法意識に凝り固まって行動したことを深く反省し、次のように述べている。

つらつら、当時の有様、私の行為をかえりみれば、文盲無知の分限も知らず、愛山護法気取りで諸人をさわがし申し、時事の勢力とはいいながら、おかしくも、はずかしくも思います。不明の致す所、誠に相済まぬ次第、今は御念仏を申してお詫びを致します。

（「五十年前の本願寺」）

こうした甚左衛門の心境の変化は、強烈な教団への帰属意識を離れて真宗信仰を深化させるなかで生じてくるのであるが、これについては第四章で詳述する。

第三章　顕道学校と各種教化・教育事業

一、弘教講の解散

一八八一（明治一四）年は、仏教とキリスト教の対立が激化する兆しを見せはじめたことに加えて、一〇月に一八九〇年を期して国会を開設する詔が出され、仏教者にも政治的意識が高まった年であった。

当時、西本願寺関係の結社には、弘教講や酬恩社のように社員が数万人、数十万人にも及ぶ巨大組織が存在していた。これら巨大結社が反キリスト教などの要求を掲げて政治行動を起こせば、大きな混乱を来す可能性は容易に予想できた。時あたかも、自由民権運動が活発化の様相を呈しはじめていた。八二（明治一五）年六月には、これへの対策として集会条例が改正され、政治以外の名目で結成された場合であっても、政治的論議をする団体は政治結社とみなされるようになり、規制内容も強化されていた。同年八月には東本願寺で、本山役員の対立を契機に、公選議会の開設要求運動が起こり、一〇月に「奸僧《かんそう》」の免職を求めた在家信者一〇〇〇名が本山に押しかけるという事件が起こった。政府の側も、こうした在家信者の動向に神経をとがらせており、混乱を危惧した岩倉具視・井上馨らは、東本願寺宗政に介入して本山役員の対立の仲裁のため動いている。

こうしたなか、同年一〇月に開会した西本願寺の集会では、教会結社条例が建議案として提出され審議された。講社・結社に関する法令・規則は、すでに一八七六年に真宗四派による真宗教会結社規約が達せられており、七八年にも西本願寺単独の条例が制定されていた。しかし、建議された新条例案は、七六年の規約・七八年の条例が教団の構成単位を末寺から教会結社へ転換する志向性をもって制定されているのに対し、教会結社を無教地の布教を目的とした例外的組織と位置づけている点（第一条）で、基本的に性格を異にするものであった。つまり、八二年の条例制定の背景には、各末寺が廃仏状況から大方回復を果たした状況を受け、教団の構成単位として末寺が通例であり、教会結社は例外的な存在という考え方が復活してきたことが考えられる。

また、結社の範囲を一府県・一国に限定し（第四条）、社員の他国への布教を無教地に限る（第一一条）など、結社の地域を越えた拡がりの分断を目指している。さらに、本山は幹事の改選（第八条）、結社の中止・解散を命ずることができ（第一六条）、社則の制改訂に本山の認可が義務づけられる（第一五条）など、本山の介入・権限が強化されていることが注目される。

このように新条例案は、政府が六月に集会条例を改訂して自由民権運動への抑圧を強めたことに歩調を合わせるものであり、特に弘教講のような結社の解体を狙ったものであることは明らかであった。そして、集会での議論に先立って副上首香川嘿識《もくしき》は、この新条例案には明如の意向が反映されているため、決して軽々に論ずるべきでないとの趣旨説明を述べた。

条例案をめぐる集会の審議は紛糾し、条例案への異論が噴出して廃案論まで提起された。廃案論のなかには、自由民権運動と宗教結社とは別物であり、むしろ結社の解体により教団勢力が減退することを懸念する意見も提起された。しかし、自由民権運動の影響を受けた在家信者が政治的要求を掲げて活動する可能性は否定できず、実際に一八八三（明治一六）年一月、東本願寺の運動が西本願寺にも飛び火し、全国二三ヶ国の一〇〇〇万人信徒の総代を標榜して上洛した有志七十余名が、本山改革の請願書を持参して連日執行に面会を求めるという事件が起こった。その際の請願内容は、法主権限を強化し、執行以下の「奸僧」の排除を求めるものであった。しかし、末寺僧の宗政参加に限定して発足した集会の審議ですら混迷を深めるなかで、明如の側に、高揚する在家信者の宗政参画運動を抑制したいという意識がはたらいたものと推察される。

明治初年以降の西本願寺の教団改革は、坊官制・末寺間の階層性などの封建的教団システムを打破することに成功したが、それは基本的に教団の世俗的な生き残りをかけて、時流に適合することを目的としてなされたものであった。改革を推進した防長末寺僧侶は、一八六八（慶応四）年、人材登用・財政改革の実施を求めた建言書を本山当局に提出したが、ここでも、維新改革の時勢のなかで、教団のみが旧態依然としていることは許されないといい、改革を必要とする外面的諸事情については述べられているが、教団組織の再構築をいかなる真宗信仰の立場に視点をすえて行うべきなのかという改革の理念については論及するところがない。

もちろん、その改革の過程において、教団が在家信者の自発的な結社活動の広がりを促したことで、在家信者の教団に対する参与意識を啓発し、新たな局面へと進展する可能性もみせていた。しかし、改革を必要とする危機的状況が去り、むしろ在家信者の積極的活動が国家により危険視される時代が到来すると、教団は急速にこれを抑圧する方向へと転換していった。教団は議会開設・寺法制定などにより近代的な装いを整えていくが、その作業は政府首脳の指導のもと、在家信者の自発的な活動の場である教会・結社を解体し、家の宗教として末寺に連なる封建的な寺檀制度を温存して再編を図るという基本的方針のもとで行われていったのである。

結局、新教会結社条例は、ほぼ原案通り集会を通過し、一八八二（明治一五）年一二月二〇日に公布され、翌八三年五月一日をもって施行された。そして、これにともなって北近畿を中心として二万数千人の講員を数えた弘教講は解体されたのであった。

二、行信教校仮分校の設置

一八八三（明治一六）年五月に弘教講は解体したが、在家信者による積極的な宗教活動は、その事業を学校経営へと形をかえて継承されていった。すでに松田甚左衛門は、八一年頃より、弘教講の顧問格であった利井明朗らが、僧侶養成を目的とした私塾「行信教校」の設置を決すると、弘教講の拠点を巡回しこれへの入学を勧誘していた。この間の事情を甚左衛門は次のように回想している。

明治十五年の春、利井明朗氏信徒の子弟に仏教教育を施さんと志し、次男鮮妙氏をその責任者とせられました。幸にして富田村日野連枝、これに賛成せられて、本照寺殿内を貸与になりましたから、これを仮教場と定め、行信教校という私立学校を設立することになりました。

それについて明朗氏が、私に相談かたがた言われるには、維新の廃仏論難は開祖の御念力によって切りぬけ、仏教の外面はあらあら保つことを得たるをもって、この上は教育を盛んにして人材を養成せねばならぬ。本山においては、既に西山教校及び大教校も建築となって僧侶の子弟は教育せられることになった。しかるに、仏教には昔より能化所化とありて、仏学を修めて人に伝える者は僧侶に限られておったから、一般人民は政治は役人に、宗教は僧侶に託して世間出世間につけ全く文盲無智にして、ただその命に従うのみとなっておった。しかるに維新改革とともに四民平等の権利を有し、人材によって登庸し言論信教ともに自由となった。

さて我が真宗は聖道諸宗に異なって、出家発心のかたちを本とせず、捨家棄欲の姿を標せず、一念帰命の信心によって等しく往生の大果を期すべき宗なるが故に、仏学はあながち僧侶の子弟のみに限らず、信徒の子弟にもこれを授けて、次男三男にして僧侶たらんと欲する者はこれを僧侶とすべきで、また専ら国家社会のために尽くさんと

図10　利井明朗（1832〜1918）
（『明朗百話』より）

欲する者は心の根底を宗教に置きて、ますますその志を発揮せしむるべきである。是れ即ち開山聖人の法流をして一天四海に勧化比類ならしむる者である。故に予は、今回学校を設立して、信徒の子弟を教養するつもりであるから、予の志を助け呉れよとの事でありました。

よって、私は明朗氏の話を聞いて実にもっともな事であると考えて、直に三丹因伯五ヶ国に出張して各村を巡回し同志を集合し、明朗氏のお話を伝え、親として子を愛し財産を与えて生活の道を開きやるは畜類でもすることである。自分から信ずる所の宗教を子孫に伝えて現生のみならず、永劫の大事を決得せしめてこそ、人たる者の所詮であると思う。子孫の教養のため学校設立に賛同して貰いたいと願いましたところ、直に同信の人これに賛成し、あるいは地方の学校を退校し、あるいは勧学塾にありし者を引きもどしなどして、一旬の間に三十余名の入学志願者を得て、同道帰京して直様、富田の行信教校に入れました。（「五十年前の本願寺」）

また、甚左衛門の勧誘に応じて入学した清水精一郎（後に仏教書出版社「興教書院」を開業）は、その当時のことを次のように回想している。

明治十四年の冬、松田・長尾の両同行が我が郷里但馬の東里村に来られ、仏教界の前途に対する抱負を力説して有志の賛成を求められたことがある。その出張の要点は、日進月歩、文明開化に赴く今日、社会の状態は益々複雑化して来るのであるから、仏教界においても諸種の施設と用意が必要である。到底僧侶の方ばかりに委せておいては、仏教界の発展を期待することはできぬ。よろしく俗人も進んで協力し、あらゆる方面に活動しなければならない。そのためには、我々俗人も進んで仏教の初歩位は学び、少々の常識は持っておらねばならぬ。即ち宗教教育の必要があるというのであった。

（清水精一郎「顕道学校を回想して」〈『旧顕道学校同窓所感集』所収〉）

このように、甚左衛門らは、真宗信仰の担い手として、僧俗を問わず真宗・仏教を学ぶべき時代が到来したとの認識を持ち、そのための学校の設置へと動きはじめたのである。このことは、単に能化《のうけ》者（僧侶）から仏法を聴聞する所化《しょけ》に過ぎなかった在家信者が、近代社会の変化のなかで大きく意識を変化させつつあったことを告げるものであったと言えるであろう。

三、顕道学校の開校

松田甚左衛門らによって集められた在家信者の子弟を含め、行信教校は、一八八二（明治一五）年六月に富田村本照寺に開校したが、翌八三年の春には、在家出身の生徒のみを京都に移し、「行信教校仮分校」として別置するに至った。甚左衛門の回想によれば、その経緯は次の通りであった。

行信教校も、追々道俗ともに入学志願者が増加しました。しかし僧俗を混沌して教育することは、将来の方針を立つる上からいうても不都合が多いから、僧俗分離せねばなるまいということになりました。幸にして本山において、昨年真宗教会を発布して全国門末の他の講社をすべて廃止することになりましたから、多年団結し来たった五ヶ国の弘教講社もここに解散することになって、京都六条の弘教講の建物が不用になりました。そこで明治十六年の春、行信教校の生徒を僧俗分離することにして、信徒の子弟は弘教講跡の建物に移して行信教校仮分校とし、宗学は福間浄観氏、余乗学は松浦僧梁《そうりょう》氏、その他普通学の教師を雇入れて生徒を教育しました。

（「五十年前の本願寺」）

行信教校仮分校は後に「徳育教校」と改称されたが、一八八五（明治一八）年に本願寺により「普通教校」が開校されると、一旦これに吸収合併されている。普通教校は、利井明朗が僧俗共学の学校の必要性を明如に建言して設置されたもので、その開設には弘教講の講員らも協力をしたようである。普通教校は、八四年九月の奨学条例改正にもとづき設置され、そこには、普通教校を真宗学・仏教学に加えて諸学科を教授し、俗人にも開かれた教育機関と規定していた。翌八五年一月に設置が布告され、四月に開校式を挙行し、反省会・海外宣教会などの校内諸団体も設立された。

にもかかわらず、その直後の八五（明治一八）年六月に講員らは、徳育教校を「顕道学校」と名を改め教育を再開した。普通教校は、在家信者の子弟の入学を許し、その校風はきわめて進取的であったとされるが、設置の主要な目的は僧侶・寺族が時流に取り残されぬよう仏教学以外の普通学を併せて教授することにあった。これに対し、在家信者の側は仏教精神に基調を置きつつも、社会に通用する学問・技術を修学する場を必要としたのである。

昭和の初めに「私立顕道学校誌資料」を編集した青木敬麿は、顕道学校再開の理由について次のように論じている。

普通教校にあきたらず、類似の私学校を別開するに至った所由は、むろん、幾つも数えられるであろう。しかもその最も大きな理由は縷々述べた如く、前者が普通学を以て宗門のために利そうとしたに対し、後者はむしろそれを農及商の用に供そうとした。彼はどこまでも僧侶中心である。此はどこまでも俗人中心である。俗人が俗人のまま俗人の仕事にいそしむ、しかもその奥に常に御法義を忘れない。つまり、御法義を歓びながら、各自の業務に就く――これが、顕道学校の根本精神である。

（「私立顕道学校誌資料」）

開校直後に印刷配布された「顕道学校略則」と「学科課程一覧表」は、以下の通りであった。

顕道学校略則

一、本校は普通の学科を授け、その徳性を涵養し、その智識を開達し、もって農商各業に従事するに足るの材力を養成する所とす

一、学科の課程を三ヶ年半とし、前二ヶ年は生徒一般普通に履修するものにして、後一ヶ年半は農商各必須なる学科を傍らに特別履修するものとす。但し追って高等科を設け卒業者をして適意専修せしむ

一、各自の道義を牢固にし、不朽の幸福を得せしめんために課外に宗教学を開く

一、およそ学生たる者一般に各学科を通修する成規なりと雖も、止むを得ざる事情ありて専修を望むものは変則生として之を許すことあるべし、但し教授の都合と生徒の学力とによりて適宜に之を命じて進退することあるべし

一、学年を分ち前後二学期とし、前期は九月一日に始り翌年二月二十日迄、後期は二月二十日より七月二十日迄とす

一、入学は毎学期の始めとす

一、入学試験は別に科目を定めて各自曾修の履歴につき、その学力を試験して相当の級に編入すべし

一、学生は一般に入校寄宿する正規なりと雖も、止むを得ざる者にかぎり通学を許すことあるべし

一、授業料は毎月二十銭とす

一、寄宿舎生は入会の節、予備金として二円を納めしむ

一、毎月飯費は当分一円五十銭とす
一、入退学等書式並びに校内諸規則等は別冊に載する如し

京都市下京区第二十三組油小路花屋町上ル

顕道学校

明治十八年九月

顕道学校学科課程一覧表

学科			修身	読書	英語	算術
第一年	前期	毎週時数	1	6	7	4
			嘉言善行	日本歴史 漢文	綴字 習字 読方 訳読 書取	加減 乗除 分数 少数 諸等数
	後期	毎週時数	1	5	6	4
			同上	同上	同上	比例諸法 百分数
第二年	前期	毎週時数	1	5	6	3
			同上	支那歴史 漢文	読方 訳読 文法 会話 作文 書取	子母法 開平方 開立方
	後期	毎週時数	1	5	7	3
			同上	同上	同上	級数 求積
第三年	前期	毎週時数	1	5	6	2
			同上	万国歴史 漢文	同上	応用雑題
	後期	毎週時数	1	5	7	
			同上	同上	読方 訳読 会話 作文 翻訳	
第四年	前期	毎週時数	1	5	7	
			同上	同上	同上	
合計			7	36	46	16

作文	経済	生理	物理	化学	動物	植物	地理	記簿
1						2	2	3
公私用文						分科殊性 構造発育 効用	日本地理	和式記入法 単式記入法
1					2	2	2	3
公私用文 仮名交り文					分科殊性 構造発育 慣性効用	同上	同上	和単更正法 旧式記入法
				2	2	2	2	3
同上 宿題				無機化学 大意	同上	同上	万国地理	旧式記入法 単複更正法
		2	2	2	2		1	2
同上		骨格 筋肉 栄養機 養生論	物性 力学	同上	同上		同上	同上
	2	2	2	4○			1	4△
同上	生財 配財	血行機 呼吸機 神経系 感覚機 養生論	音響 光 熱	非金属			同上	銀行 記簿 会社
	2	2	2	4○				4△
同上	貨幣 貿易	職業健全学 伝染病予防法	磁気 電気 気象大意	非金属 有機化学大意				応用記簿
	2	4○		5○				5△
同上	金融 租税	比較生理		農芸化学 大意				応用記簿 記簿法原理
2	6	4○ 6	6	14○ 4	6	6	8	13 11

図画	2	自在画	2	同上	2	同上	1	用器画 自在画宿題	1	同上	1	同上	1	同上	10
商業実習									2△	売買取引	4△	同上	8△	同上	14△
農業実習									2○	栽培法	4○	同上	4○	同上	10○
体操		美容術		啞鈴		球杵		棍棒		器械体操 演習		同上		同上	
合計	28	10	28	11	28	12	28	13	28	10 ○2 △2	28	9 ○2 △2	29	7 ○3 △2	

表中△印ヲ肩書スルモノハ商業ニ属シ○印ヲ肩書スルモノハ農業ニ属ス

四、顕道学校の教育方針

顕道学校は全寮制をとり、毎朝本山での勤行や法要への参加をすることで、仏教主義教育を重視していた。松田甚左衛門は、顕道学校のことを次のように回想している。

入学志願者は益々増加して、学校は愈々隆盛に赴いてきましたから、新たに文部省の認可を得て、私立顕道学校と改めました。この時、品川子爵が大いに御賛同下さって顕示大道の四字を認め、額面として賜わりました。

明治十八年の春、油小路通にさらに三百余坪の土地を買い、旧弘教講跡と合せて五百余坪の土地に、油小路を表門として二階建ての寮舎を新築して、是山恵覚《これやまえかく》氏を校長に依頼しました。修身は仏学を以て専一とし、その他普通科には農商等の学科も加え、生徒一百六十余名に達しました。僧侶の子弟もここに入学する者は、皆袈裟衣をぬいで数珠肩衣を着用し俗人同様にして、毎朝本山両御堂に参拝し、帰校後講堂に集合して正信偈和讃を拝読し、夕方は三部経の勤行をなすことに規定しました。また休日毎には法義示談会を開いたり、演説の練習会を催したりしました。ここにおいて、利井や松田は俗人の子弟に仏学を伝授して法義を乱す大罪人であるという風説が高くなって、本山の門前や所々に貼紙などする人もありました。

世の中が追々開けるに従うて、学校にも英語の一課を設くる必要を生じました。しかるに、その教科書とすべきスペル、リーダーが京阪の大都会さえなくて、大阪心斎橋通りの丸善に依頼して、やっと東京から取寄せて間に合わせたという位の有様でありました。それ位ですから、広い京都中に唯一つ平井金三《きんざ》氏の英語の私塾があるかぎりで、他には一ヶ所として英語を教える所はなかったのであります。


（「五十年前の本願寺」）

顕道学校の独自の教育理念と教育内容は、大きな名声を博したようである。卒業生の一人、野々村直太郎（仏教学者）は入学当時のことを次のように記している。

十八年の頃、次第に時勢に促されて追々ハイカラ的となり、学校の名も右の顕示大道から取って顕道学校と称し、そのふれだしは、時勢の要求に応じ普通農商の学科を授け国益を計るというのである。その頃の評判というものは、随分遠国近国に響き渡ったもので、自分は当時僻地の中学校に在学中であったが、顕道学校の名声の高きを慕うて遂に上京転学ということにして貰った時の喜びは今も忘れぬ程である。課程は前にも述べた通り頗る低度である僻地の中学から転じた自分も、やや失望の感じがした。これでは却って故郷の学校に残っておる同級生に負けてしまいはせぬかと案じたのである。果して事実はその通りであった。しかしながら、兎に角普通の中学とは成り立ちが違う。普通の中学では学ぶことの出来ぬ農商に関した学科もあり、又一面宗教学校であるから、真宗及び余宗の教義なども聞きかじることが出来た。

（「反古籠」）

野々村は、教育の程度一般は地方の公立中学に比べて見劣りしたと述べているが、農業・商業という実地に有用な学問に力点を置き、仏教主義による人格形成を目指した学校方針は他に類を見ないものであった。特に日々の勤行は少なからず生徒に宗教的感化を及ぼしたようであり、野々村は次のように回想している。

入学を許されて寄宿舎に入るや否や、まづ用意をすべきものは、筆紙墨教科書は勿論、机ランプも勿論であるが、その外に、正信偈、三部経、御文章、珠数、肩衣、というものが必要である。これらの七ッ道具を勤行行李というものに収めて置いて、朝夕二度の勤行の合図があると、すぐに肩衣を着け、行李を捧げて、講堂に席次を正して列座するのである。

衆生徒のうちから導師を順次に出す規定で、その音頭取りで、異口同音に正信偈なり三部経なりを読み上げるのであった。朝の勤行が終れば、すぐに本山の両堂に参拝するのが規則であったが、本山の勤行が未明に行わるるものであるから、学校の勤行は余程早くしまわねばならぬ。そこで頑是ない生徒等が、冬の短日などは、勤行の合図に、暖き故郷の夢を遠慮なく破られて、目をすりすり例の行李を抱きて講堂に出席するさまは、随分いじらしいものであった。

形式といいわば素より形式に過ぎぬので、しかも旧式の形式たるを免れぬであろうけれども、年のゆかぬ生徒のことであるから、行儀作法によりて多少自ら感化せられたという事は争われぬらしい。（「反古籠」）

五、顕道学校の存立意義

野々村直太郎は、顕道学校に関して、その宗教・教育の上から注意すべき特質として次の三点を上げている。

一、一つの富民学校であった事。
二、僧俗混同の学校であった事。
三、全く独立の学校であった事。（「反古籠」）

顕道学校が存在した一八八〇年代後半は、景気の回復基調により、農村における養蚕・製糸・製茶などが活況を呈した「企業熱勃興の時代」にあたる。顕道学校への入学者はそうした地方の富裕層の子弟たちであった。野々村は、「貧民を教育し能はぬ社会は素より不幸の甚きものではあるが、無教育なる富者をいただく社会ほど不幸なものがあらうか」

と述べ、将来に日本資本主義社会の中核を担うことになるであろう青年たちに、産業と仏教を学ぶ場を提供した顕道学校の存在意義を高く評価している。

また本山の管理から独立した僧俗混同の学校であったことの意義に関しては、次のように述べている。

教育上僧俗の混和は社会における僧侶の地位を高め、僧俗相互の同情を厚くし、その外種々の利益があるものである。当時顕道学校の外に本山立の普通教校も、やはり僧俗混同の教育を施したが、この外には仏教社会に余り類例を求める事が出来ぬと思う。そして普通教校は僧侶学校に俗人を混じたもので、顕道学校は俗人学校に僧侶を混じたものであった。この点において後者は、前者よりも進歩したものというてよい。僧俗の不和は、宗教衰滅の原因となり、または宗教改革の前駆をなすものである。(中略)

仏教社会今日の時弊は果して救い得らるるや否やは別問題であるが、これを救う為には、僧俗混同の教育が必要である。僧俗混同というも、普通教校の様に俗人をも許す僧侶学校を立てるという事ではない。顕道学校の如く僧侶を俗人の学校に入れて教育したいというのである。(中略)

本山とか教会とかいうものの管理に帰する学校の不幸は、単に組織が不完全というばかりでなく、色々の事情に左右せられて、断えず動揺するという事である、内部の事情から言はば不得已《やむをえぬ》次第ではあるが、学生の迷惑と言ったら、ひと通りでない。

（「反古籠」）

今日、僧侶養成を目的に設立された学校も、俗人に教育の門戸を開放するようになっている。しかし、それは社会的評価を得て学校経営を安定化させるという意図から、そのように移行してきた事情が少なからずあったように見受けられる。つまり今も、仏教主義教育は、僧侶養成が主であり、俗人教育は従に過ぎない傾向があるように考えられる。顕道学校のような俗人教育に主眼を置いた仏教主義学校が存続できなかったことに、近代仏教のつまずきの一因があるように思えてならない。

顕道学校の卒業生のなかには、伊藤長次郎（貴族院議員）、若林乙吉《おときち》（㈱丸紅商店監査役）、毛戸勝元（京都帝大教授）、野々村直太郎（龍谷大学教授）、大野開蔵（相愛高等女学校校長）など政財界・学界・教育界で活躍した者がいる一方、地元に帰って商店主となったり、農業を継いだ者も多く、その進路は多種多様である。しかも、そのいずれもが仏教に対する信仰を堅持して、その後の人生を送ったようである。顕道学校は、いわば在家信者による在家信者のための仏教主義学校であり、こうした学校は近代仏教教育史上においても例を見ない。

しかし、この顕道学校も、開校後まもない一八八九（明治二二）年には、教団の事情から廃校に追い込まれていった。松田甚左衛門の子で、顕道学校の卒業生でもある松田善六は、その間の事情を次のように述べている。

閉校につきましても別に閉校すべき事故は認めませんが、その当時既に本山の方で僧俗を問わず宗教教育の必要を感じ、普通教校を設立して盛んに教育せらるる事になりました。しかし何れも教育の方針を異にしておりますれば、両校の存在も最も必要でありました。
しかるに、当時本山において護持会の講法を設けられ、一般信徒に寄附金の募集中でありますれば、自然当校も今一層に盛大に発展の道を講じまするには、是非とも維持費の株金の募集を行はねばならぬ立場となりました。
ところで本山としては、募集先は同一であれば、先づ当校の株金を一時見合せて、当分本願寺より明治二十一年度より毎月百円ずつ下附金を提供の事になりまして、細々継続して参りましたが、中途にして本山は集会の決議を以て下附金の中止となりまし

図11　山岡鉄舟（1836〜1888）揮毫による「顕道学校」の扁額
（『顕道会館十周年記念』より）

たので、ここにおいて一層努力して株金の募集に着手して維持することに決しましたところ、本山の方より現今の教育の方針を変更せず引受けるから現情のなりで一任せんかと、交渉に依り協議の上、当時所有の校舎並に敷地全部を提供して本山に一任し、ついに閉校の運びに至りた次第で御座います。

（『旧顕道学校同窓所感集』）

当時の本願寺では、護持財団を設立して教学資金の募財を進めつつあり、顕道学校運営の寄付金集めと競合するため、本山の要請より文学寮（普通教校を改称）に吸収合併されることとなったのである。こうして弘教講のときと同じく、またしても教団の都合により在家信者の主体的活動は頓挫させられたのであった。

ただ、顕道学校を継続させようとする動きも皆無ではなかったようであり、野々村は次のように回想している。

校内の若手に桃木民蔵氏の如き有志家があって、その頃本願寺の聘せられた本庄堅宏氏と相謀り、山岡鉄舟居士を戴いて学校を改革しようと意気込んで、上京相談に及んだという事実もある。しかし、これもついに因縁熟せずであった。西六条の仏教書林顕道書院にある顕道学校という四文字の居士の揮毫は、即ちこの時居士が贈られた扁額であるが、今は空しく故人の紀念となってしまった。

（「反古籠」）

六、顕道書院施本会と文書伝道

顕道学校の閉鎖後、松田甚左衛門は学校教育の普及を考慮し、僧侶だけでなく一般俗人も手にできるような仏教書を刊行する必要性を痛感して、顕道書院施本会を設立した。この間の事情を甚左衛門は次のように回想している。

昔の徳川政府時代は士民の別ありて学事教育は武家僧侶に限り一般の人民に対する学校なき故に、無教育にして仏教書籍等も僧侶の講義的仏書の外、妙好人伝とか歓喜談とかあるのみ。

しかるに、明治政府は士民同一にして大中小の学校を設立に相成り、山間僻地まで人民一般の教育進歩に乗じ、平民的仏書開発する時なりと決し、倅善六《せがれ》の営業として顕道書院と称し仏書を開店せしに、全国宗門道俗方の引立に預かり、一時に商業成立。一家族は倅の責任に托し独立して老を養わんと決し、倅商店と離別し顕道学館と称し一家建築し、年月を送り縁に乗じて宗教御弘通の手他助《てだすけ》の万一にもやと施本会を設立して文書伝道と称し、名僧の御法話等を印刷し施本しまして御念仏とともに老を養い、一日ずつ送らんと決心しました。（「五十年前の本願寺」）

顕道書院施本会の文書伝道は、一八九一（明治二四）年に開始された。この春に本山で顕如の三〇〇回遠忌法会が行われるのを機に『石山法乃勲《いしやまのりのいさおし》』という小冊子を三万余部印刷して、諸国から参詣する信徒に配布した。『石山法乃勲』は、蓮如が石山本願寺を創建してより、顕如が織田信長との石山合戦に及ぶまでの本願寺苦難の歩みを略述したものである。その奥付によれば、同年三月の出版で、発行兼印刷人が松田甚左衛門、編輯人が神代《こうじろ》洞通《どうつう》となっている。神代は、一八五五（安政二）年福岡県糸島の教念寺に生まれ、博多万行寺の七里恒順《しちりごうじゅん》のもとで宗乗余乗を修めた後、普通教校開校と同時に教員となり、文学寮改組後には文学寮理事心得に就任した。また、海外宣教会の幹事をつとめ、『海外仏教事情』『開明新報』などの編集にも従事していた。

図12 『石山法乃勲』表紙

『石山法乃勲』の巻末には、施本発起者二四名の名前が記されている。いずれも、京都・大阪・兵庫・滋賀・和歌山・岐阜・愛知・福井・広島・鳥取・山口・福岡の在家信者たちのようであり、施本事業に幅広い支援のあったことが知れる。また「施本の大利益あることを同志に注告す」という次の一文が末尾に付されている。

（前略）今よりは我仏教の本城を確固にし我人の信心御相続ならしめ報恩の行をつとめまする様に導く書物の必要なる時節となりましたについて、祖聖師人報恩講御取越の法席や又は親族の法事営みの時において、御供養と唱えて赤飯或は饅頭の類を参詣の諸人へ分かち与える習慣は、京となく田舎となく、何れの地にも致す事なるが、食物ばかりではのこり多いではありませんか。中興様の毎月両度の御文に、ただ酒飯茶なんどばかりにてみなみな退散せり。これは仏法の本意にはしかるべからざる次第なりと御気付きあれば、同じことならば、その場限りの御供養ではなくて、見ればみるほどあじのでる御供養に致したきものであります。

幸いに本院にて有志の方が御用に適した小冊子、すなわち赤飯代や饅頭代位にて、何十部でも何百部でもありがたい施本の物が沢山にこさえてありますゆえ、代金とともに御申込あれば、ごくごく廉価で何時にても送りますゆえ、これまでの習慣を改めて一の小冊子を参詣人に分かち与えられれば、その場限りにもあらず、一人の喜びにもあらず、展転にこれを読み、小さき書物をもろうておおきな功徳をいただき、少しの遣いものして、多くの利益を与える一大好方便となれば、有志信徒の方々は深く心を用いられて、旧慣的の御供養を改め、時勢的の御供養に改良あらん事を御すすめ申します。

京都　顕道書院施本会

同年には、『因果のかゞみ』という小冊子四万三千余部を印刷して、全国府県の監獄（刑務所）の受刑者への施本を行った。

さらに濃尾大地震に際しては、大規模な施本活動を実施している。一八九一（明治二四）年一〇月二八日午前六時三九分、岐阜県本巣《もとす》郡西根尾村（現・本巣市）を震源とする地震が発生し、岐阜・愛知両県を中心に大きな被害をもたらした。死者は七〇〇〇人を超え、負傷者も一万七〇〇〇人以上、全壊家屋は約一四万戸を数えた。甚左衛門も現場に駆け付けたが、仏壇も聖教もなく死者の葬儀が滞っていることを見ると、京都に引き返して東西本願寺の信徒有志に見聞した状況を伝え、協力を呼びかけた。この結果、甚左衛門ら京阪神の六名の在家信者が発起人となって被災地に施本することとなり、罹災寺院に送るため三部経五〇〇部を出版し、門徒に対しては正信偈和讃御文章合本として一万部を印刷した。その後、東西本願寺が本尊を被災地に下付することを伝聞したため、一一月一一日にこれら印刷物を同時に配布することを願い出て、両執行所に納品した。

その後も施本会は、一八九八（明治三一）年の蓮如の四〇〇回忌法要で法話集を三一部出版して東西本願寺で配布するなど、大規模な文書伝道を続けた。一方、松田善六の経営する顕道書院は、京都における中堅出版社として数々の仏教書を刊行したが、一九四四（昭和一九）年の企業合併により廃業した。その翌年には、善六が死去している。

七、少年教化・女性教化事業

松田甚左衛門は、顕道学校の閉鎖後、その校舎を顕道学館と名づけ、ここを拠点として種々の教化事業にも従事した。一八八三（明治一六）年五月に巨大結社が解体されて以降は、キリスト教の布教活動に対抗して少年教会、婦人会、青年会などの各種個別の教化団体が各地で結成されるようになった。特に甚左衛門は早くから、女性教化に関心があったようである。弘教講には女性会員が数多く含まれていたようであり、結成直後に築地別院での再建作業のために東京に赴いた際も、同行した二六名の内、七名が女性会員であった。

その東京で、一八八八（明治二一）年二月に仏教系の婦人月刊誌の先駆的存在として『婦人教会雑誌』が創刊された。発行元の婦人教会（東京日本橋区橋町）は雑誌発行のための組織であり、従来からあった橋町女人講（橋町婦人会と改称）を母体としたようである。橋町は明暦の大火で焼失した浅草御堂のあった場所に隣接し、築地別院が落成した後も境外所有地があった。日本橋には商人が多くの店舗を構えており、当時の好景気に支えられ橋町布教所への支援も充実し、その布教活動は活況を呈していた。甚左衛門はかつて築地別院に滞在した当時から、橋町女人講の関係者とも顔なじみだったと考えられる。八九年三月、東上した甚左衛門は橋町婦人教会で演説しており、その内容が『婦人教会雑誌』（第一五号、一八八九年四月発行）に掲載されている。

一八八九（明治二二）年二月には、京都本山門前の柳町に東京婦人教会の京都支局が開設されており、甚左衛門の東上の目的の一つは、京都での婦人会の拠点づくりの打ち合わせであったと考えられる。京都に帰った甚左衛門は、五月に京都支局の担当人となり、婦人会活動の基盤づくりに尽力したようである。翌九〇年二月、京都支局は東京連合京都婦人教会となって組織を整え、改めて発会式が行われた。式には、江村秀山《えむらしゅうざん》、渥美契縁《あつみかいえん》、武田篤初《たけだとくしょ》、赤松連城ら東西本願寺の関係者が参列して演説した。当時、東西本願寺の関係は良好で、共同して布教活動を行うことも多かった。甚左衛門は引き続き、世話係として会の運営に参加したようである。

ところで、この頃は欧化全盛の風潮を受けてキリスト教の布教活動が活発化し、特にキリスト教主義の女学校が全国で設置されるようになり、一八八九年当時すでに五〇校を超えていた。これに刺激されて、仏教系の女学校も各地で設立されはじめ、表4に見るように、二〇校近い女学校の設立を見ている。京都の西本願寺門前にも、一八八七年七月に順承女学会という女子教育機関が設置され、翌年に関西女学会に改称された後、九〇年に文学寮附属女学会となった。文学寮附属女学会と顕道学校とは密接な関係があったようである。

しかし、一八九〇（明治二三）年に国粋主義思想が台頭し、キリスト主義学校が衰退に向かうと、仏教者の婦人会・女学校も一挙に衰退していった。文学寮附属女学会も間もなく廃止に追い込まれ、京都婦人教会の活動も停滞していった。その後、九二年一〇月に開催された西本願寺集会に、元顕道学校の校舎に女学校を設置して補助金交付を求める建白書が提出された。女子教育・女性教化が衰退に向かうなかでの打開策として建言されたと考えられるが、不採用となった。結局、この女学校計画は、七年を経て顕道女学院として

表4　一八八〇年代後半設立の仏教系女子中等教育機関一覧

名称	設立年	関係宗派	所在	沿革
徳山婦人講習会	一八八六年	西本願寺	山口県徳山市	白蓮女学校、徳山女学校、一九一六年廃校
三州学校女子部	一八八六年	西本願寺	島根県松江市	一八九〇年廃校
順承女学会	一八八七年	西本願寺	京都市	関西女学会、文学寮附属女学会、一八九〇年頃廃校
オリエンタルホール女子部	一八八七年	通仏教	京都市	
清揚女学校	一八八七年	西本願寺	群馬県前橋市	一八九〇年廃校
仙巌学園	一八八七年	曹洞宗	新潟県長岡市	一八九五年廃校
親和女学校	一八八七年	西本願寺	神戸市	一八九一年廃校、九二年非仏教系で再興
広島高等女学校	一八八八年	西本願寺	広島市	一九四五年国に移管
綜藝種智院	一八八八年	真言宗	大阪市	一九〇四年廃校
高陽女学会	一八八八年	各宗共同	新潟県上越市	一九〇一年高陽女学校、一九〇八年廃校
相愛女学校	一八八八年	西本願寺	大阪市	現・相愛学園
女子文芸舎	一八八八年	西本願寺	東京都	現・千代田学園
積徳女学校	一八八八年	西本願寺	東京都	一八八九年廃校
六和女学校	一八八八年	各宗共同	北海道函館市	東本願寺移管、現・函館大谷学園
愛和女学校	一八八八年	西本願寺	福岡県行橋市	一八八九年廃校
赤間関心洗女学校	一八八九年	西本願寺	山口県下関市	一八九一年廃校
博愛女学校	一八八九年	西本願寺	島根県浜田市	一八九一年廃校
高梁女学校	一八八九年	各宗共同	岡山県高梁市	

図13　『少年之教育』第二号（1898年1月）表紙

実現されることになるのであった。

　女性教化に続いて甚左衛門が手掛けたのは、少年教化事業であった。少年教化も、キリスト教の日曜学校に刺激されて一八八五（明治一八）年に開会された築地少年教会が先導的役割を果たして、全国各地に少年教会が設立された。九五年一月には日本橋橋町の東京婦人教会に橋町少年教会が設立され、その機関誌『少年会誌』が創刊された。甚左衛門は、これに呼応して少年教化に着手したようである。九七年頃までには、顕道学館（元顕道学校校舎）に連合真宗少年徳義会という教化団体を組織しており、九七年一二月には当時まだ珍しい少年教化のための月刊雑誌『少年之教育』（後に『法之光』と改題）を創刊している。『少年之教育』の発行元は顕道学館内の教育雑誌社であり、少年教化向け説話や教材などのほか、顕道学校同窓生の消息なども掲載された。

　教育雑誌社と連合真宗少年徳義会とは、摂津常見寺・近江彦根・播磨広瀬正善寺・越後光蓮寺など各地の少年教会と連合提携し、少年教化の普及を図った。九九年一月には、連合真宗少年徳義会女子部を開会し、説話や親鸞伝記、唱歌合唱などが行われた。このとき、甲斐和里子《かいわりこ》も参加して教育上の談話をしており、この会が翌年設置の顕道女学院へと発展していった。

八、顕道女学院の設置

一八九〇（明治二三）年から数年間は、欧化主義全盛の風潮の反動により女子教育が低迷したが、日清戦争後には回復基調に向かいはじめた。女子の小学校就学率も一八九四年に四割を超えて以降は上昇を続け、一九〇三年には九割近くに達した。政府の側も一八九九年に高等女学校令を発布して、各府県での公立女学校の整備を図った。仏教系女学校も、一八九〇年代後半以降、再び設置されるようになり、日清・日露戦間期の約一〇年間に十数校が開校している。

こうした状況を受けて一八九九（明治三二）年三月、松田甚左衛門は顕道女学院を開設した。開設に際して、仏教系新聞に掲載された広告は、次の通りであった。

●顕道女学院創立主旨　女子教育の必要は今更呶々するをまたざるなり。しかれども、奮ってその任にあたる者は実に寥々にして、たといこれあるも忽ち興りて忽ち亡び、或はその存否をだに知るべからざるものあり。その事のかたき亦知るべし。今や女子教育の全権はすでに外教徒の手に帰し、かつ外人雑居の日すでに迫れり。われら辛苦経営の間幾多の歳月を消磨し、事すでに落後の嘲りを免れずといえども、亦もってやむべからざるものなり。遂に本年三月一日開院のこととはなれり。本院は仏教をもって主義とし、徳育をもって本旨とし、勤倹貞専の美風を挙げ、姑息軽佻の弊竇に堕さざらんことを期す。江湖の諸君子、本院方針の存するところを賛助し、われ等が経営を大成せしめられんことを希う。

創立者　甲斐　和里子
松田甚左衛門

入学生募集

一来る三月一日開業す
一入学志願の方は来る二月二十八日迄に申込みあるべし
一規則書入用の方は郵券二銭封入申込みあれ
二月十五日

京都市東中筋通花屋町上ル　顕道女学院

（一八九九年二月一五日付『教学報知』、『教海一瀾』三九号〈一八九九年二月二六日〉）

この創立主旨には、同年七月の列強との改正条約の発効にともなう内地雑居への危機意識が強く表明されている。内地雑居が実施されると、外国人が居留地以外にも自由に出入りするように、キリスト教の学校設立運動が一層活発化するのではないかという懸念があり、当時、これへの対抗を設立主旨に掲げる仏教系学校は少なくなかった。共同の創立者として名前の挙がっている甲斐和里子は、一八六八（慶応四）年に広島県深安郡中条村（現・福山市）の勝願寺に生まれ、父は同寺住職で西本願寺の碩学・足利義山《あしかがぎざん》であった。平井金三のオリエンタルホール女子部・同志社女学校に学び、一八九〇（明治二三）年に南画家の甲斐駒蔵（号「虎山」）と結婚し、神戸親和女学校・大津市高等女学校で教鞭を執った後、顕道女学院の教育の中心を担った。

一八九九（明治三二）年五月二一日、顕道女学院で親鸞降誕の祝賀会が開かれ、甲斐駒蔵や木山定生《じょうしょう》・佐藤巌英《がんえい》ら本願寺関係者も参列した。会では、インド・西域視察から帰国した川上貞信より現地の仏教事情についての説話があり、平井金三が開国以来の日本の外交政策と女子教育の必要性などについて演説した。また、女学院生徒・連合真宗少年徳義会会員の書画や工芸品が展示されるなど、盛会であったという。

図14　七代目伊藤長兵衛（1868～1941）1940年撮影（『染香人（伊藤長堂翁追慕録）』〈財団法人芦屋仏教会館、1942年〉より）

その後、女学院は順調に発展し、同年八月には、生徒も五〇名に達し、さらに二〇名の追加募集を行っている。一〇月三〇日には、「顕道女学校」として京都府知事に設置申請書を提出し、翌月認可を受けた。設置申請書の設立者には甚左衛門ほか六名の名前が記されているが、筆頭に名前を連ねた伊藤長兵衛は、当時京都に織物問屋の店舗を構えていた近江商人で、後に㈱丸紅商店初代社長をつとめた人物である。仏教信仰に篤く、一九二七年には芦屋仏教会館を創設した。他の人物も本願寺門前に店舗を構える商人だったようである。同時に甚左衛門は、和里子を校長心得に任用することも申請している。設置申請書には、仏教主義教育を施す旨が一切記載されていない。これには、同年八月に発布された文部省訓令第一二号（いわゆる「宗教教育禁止訓令」）の影響も考えられる。しかし、仏教主義的教育を施すことを断念したわけではなく、当時の仏教系新聞は認可の翌月に報恩講を執行したことを報じている。翌一九〇〇年四月には、第一回卒業証書授与式を挙行し、この段階で在学生は七十余名、さらに入学申し込みが二十余名あり、校舎の増築を予定するなど、校勢は隆盛に向かいつつあった。

ところが、同年夏には、早くも甚左衛門と和里子の対立が表面化した。和里子は八月に顕道女学校を辞職し、翌月には、夫駒蔵とともに、私塾「文中園《ぶんちゅうえん》」を開くに至った。対立の背景には、本願寺との関係をめぐる意見の相違があったと推察される。弘教講・顕道学校という在家信者の主体的活動を本山の都合により一方的に頓挫させられてきた甚左衛門としては、教団との距離をある程度置いて、在家信者の経済力をバックに学校経営を進めていこうとする意図があったと考えられる。学校の経営陣に伊藤長兵衛ら在家信者を招聘し、申請書に仏教的記述をあえて記載しない現実的路線をとった。しかし、この方針をめぐって、本願寺の中枢的立場にあった足利義山を父にもつ和里子との溝は深まっていったようである。このため、当時の『教学報知』『中外日報』などの仏教系新聞には、甚左衛門を感情的に中傷する投書も見受けられる。

結局、顕道女学校は休校に追い込まれ、一九〇一（明治三四）年二月に京都府に休校届を提出した。休校届には教員の都合が休校の理由とされている。甚左衛門には学校を再開する意図があったようであるが、結局廃止されたようである。

一方、和里子が開いた文中園も認可を得て、文中女学校となったが、東本願寺の後援により一九〇一（明治三四）年に京都淑女学校が開設されたため、生徒数は増加せず、甲斐夫妻は内職をしてまで学校経営を支えねばならなかった。一九一〇年に至って、文中女学校は京都高等女学校に併合されて、西本願寺仏教婦人会連合本部の経営となり、戦後、京都女子大学・京都女子高等学校などを設置する京都女子学園に改組されて現在に至っている。

九、報恩同志会

一八八一（明治一四）年に集会が発足し、末寺僧から公選された会衆が審議に参画したが、在家信者の選挙権・被選挙権は認められなかった。さらに八三年、集会の議を経て在家信者の結束の源泉となっていた結社が解体に追い込まれた。しかし、キリスト教への脅威が高まるなかで、松田甚左衛門ら在家信者による教化・教育活動は、一層熱を帯びて活発化の様相を呈していた。自由民権運動とも連動して在家信者たちの教団帰属意識も高まりを見せており、当時の状況を甚左衛門は次のように回想している。

そもそも、維新廃仏論難を切りぬけて、明治十年頃までに本山の外面もあらあら保存の見込が立ちましたから、進んで僧侶子弟養成のために大教校を建築せられ、教学の基礎を強固にせんが為めに護持財団を組織して教学の資金をその利子に求むる事になりました。

ここにおいて一派の秩序も立ち、今後の発展も思いやられて、我等同志の喜びは一方ではありませんでした。なおまた国家においては、明治二十三年を期して国会を開設するということになっていましたが、本山においては前にいったように、それよりも十年早く既に全国末寺より惣代を選んで年に一回ずつ本山において集会を開く事となり、これにならって、地方には各々小集会なるものを組織して合議制度をはじめました。

明治十四年に本山は弘教講をはじめ、酬恩社、興隆社その他全国のすべての団体を廃して、一真宗教会となすことに決せられました。その趣意は数百年来幕府政治の下にあって門末は一派教学の全部を本山に一任して顧みなかったが、そもそも真宗の成り立ちは道俗一致してこそ、その発展を望まるるのである。殊に明治の大勢は徒らに旧習を墨守することを許さず、広く衆議によって事を決するという事になって参りました。

（「五十年前の本願寺」）

ここに至って在家信者の意識も大きく変化してきたことを知ることができる。彼らは、もはや僧侶に随順するだけの存在ではない。真宗信仰の独自性から自らの教団構成員としての存在意義の重要性を自覚し、積極的に教団運営への参加意欲を示しはじめた。そして、自らの要求を実現するために報恩同志会という団体を結成して、示威行動に出たのである。このときのことを甚左衛門は次のように述べている。

しかるに、高祖大師仰せの如く同一に念仏して別の道なきが故に、四海の内皆兄弟なりとの信心乏しき故に、教会も遂に立消えとなり集会も儀式的に成り行きました。もし、このままに過ぐる時は折角の企ても何の得るところなき徒事に終わる事になりました。誠に残念な事といわねばなりません。
つらつら案ずるに、高祖大師は弥陀如来が五劫永劫の御苦労も全く親鸞一人がためなりと仰せられてある。しかれば、我れ文盲無智なりと雖も、浄土真宗に流れをくめば、御開山の信心も南無阿弥陀仏、我が信心も南無阿弥陀仏なり。しかれば、本山も全国門末の共有にあらず、ひとへに私一人のために設けらるる所であると決心致しました。故に大勢のかく非なるを見て、徒視するに忍びず、直ちに発起して全国信徒に対して惣代の上京せられんことを願ふと通知しました。この通知に応じて十四ヶ国より総代が上京せられ、北陸、近江、美濃、尾張、中国、九州の有志によって、ここに報恩同志会というものが組織せられました。

従来、集会毎に上願または建言をなして、一派のために意見を述べましたけれども、或はこれを悪魔の如く忌みきらい、或は雀や烏の鳴く如くこれを軽んじて顧みず、ために何の所詮もなく年月を送りました。これを慨いて報恩同志会を組織し信の所見を発表せんと欲して、例年本山の集会と同時期に総会を開き、僧侶は教学を信徒は財政を各々分担すべきことを主張致しまして、日々夜々集会の議場において、多数の会員が或は法主に建白せんとか、執行所へ上願せんとか、大いに議しました。これ敢て本山の役員を望む者にあらず、全く教界のため、本山のため、赤心をもって協議したのであります。然るに遂にこれを行う能わず、今日の惨たる有様に立至ったのでありま す。

（「五十年前の本願寺」）

一八八八（明治二一）年頃になると、官僚化した末寺僧侶が法主を補佐して宗政を担うシステムも整備され、甚左衛門のような在家信者の活躍する場は失われていった。さらに九〇年に欧化全盛風潮の後退によりキリスト教への脅威が薄らぐと、教団改革動向の鈍化は決定的なものになっていった。

教団運営方針をめぐる集会での法主側と末寺僧侶側の対立も解消に向かった。一八八八年七月、明如は執行長《しぎょう》（現在の「総長」に当たる）の公選制を要求する集会に解散を命じたが、翌月に大洲鉄然を執行長に抜擢した。七九年の東移事件以来、明如は長州系のなかでも香川葆晃・赤松連城ら親法主派を執行・執行長に任命することはあっても、島地黙雷・大洲鉄然といった防長系の指導的立場にある人物を登用することは避けてきた。ところが、明如は教団内に最も勢力を有する長州系僧侶と手を結ぶ道を選ぶことで、末寺の抵抗勢力の封じ込めを図ったのである。さらに同年九月には宿老所が設置された。宿老所は、本山内の有力者を集めて執政の参与に当てるものであり、国政の元老院に相当するものであった。メンバーは、一宗の功労ある者および本願寺法主と血縁関係にある正準連枝にして法臈一五年以上の者で構成され、法主の諮詢機関として宗政に大きな役割を果したが、これにより集会の宗政チェック機能は一挙に失われていった。

こうして成立した強力な中央集権体制のもとで、護持会や大日本仏教慈善会財団などが設立され、本山に莫大な資金を集めて教育・社会事業を展開することで、国家社会への貢献度をアピールしようという路線が推進されていった。しかし、在家信者は度重なる募財を要求されるだけの存在となり、官僚化した末寺僧による腐敗も顕在化していった。これに対し、報恩同志会は、僧侶は教学に専念し、信徒が財政を担当することを求めたが、その要求が受け入れられることはなかったのである。

第四章　本山との離別と小川宗

一、在家信者の意識変化

一八八〇年代末（明治二〇年代初頭）以降、教団の改革路線が後退すると、西本願寺の腐敗実態を暴く報道や本願寺教団論が盛んになった。例えば、『東雲《しののめ》新聞』は、一八八九（明治二二）年九月以降、盛んに大洲鉄然執行長の不透明な資金流用を告発する記事を掲載した。そのほか、『明教新誌《めいきょうしんし》』『国民之友』『仏教』『時事新報』『六合雑誌』『日本人』などの新聞雑誌が盛んに本願寺批判・本願寺論を展開し、その批判の矛先は、本山役員の腐敗のほか、法主・住職の世襲制度、法主家の叙爵問題（九六年）、集会での選挙買収など、さまざまな領域に及んでいった。なかでも、勧財事業における金権的体質への批判記事は多く、九七年『明教新誌』連載の「本願寺派の弊政を論ず」に至っては、「本願寺派全体を挙げて、収財的貪婪我利《どんらんがり》の欲望宗政」とまで西本願寺のあり方を酷評した。

これら報道と前後して、それまで教団や檀那寺に異議を唱えることなく追随してきた在家信者の意識にも少なからず変化が現れはじめた。その事例として、一八八七（明治二〇）年四月に三重県北西部で起こった在家信者の組織的離檀運動をあげることができる。『明教新誌』『奇日新報』など当時の仏教系新聞報道によれば、県内の朝明《あさけ》郡・三重郡の有志六、七〇名は、僧侶の無気力な状況に憤慨して、檀那寺から離脱して教団改革を目指す「趣意書」を発表した。

趣意書では、まず教団の体質がいまだに封建的であり、時流から取り残されている実態が、次のように指摘されている。

明治の初め、封建の制変じて郡県となり、而して万般の事物漸く変更し、今日に至りては一として旧様を存するものなく、殆ど別世界に入るの想いあり。しかるに、独り吾教門の制度のみ頑然として封建時代の故態を墨守して、少しも時勢に適合することを知らず、人これを目して封建の遺物というに至れり。

（一八八七年四月一五日付『奇日新聞』）

続けて趣意書は、教団改革なくして仏教の復興はあり得ないが、その推進を担うべき僧侶を本山にも末寺にも見出し難く、かつて尊王の志士が明治維新を断行したように、今ここで在家信者が立ち上がるほかないという。そして、そのためには腐敗した檀那寺から離脱して、在家信者による道場を拠点として活動するとして、次のように宣言している。

教門今日の制度、豈に速やかに改良せざることを得んや。もし、改良する能わざるときは、快復は決して期すべからざるなり。しからば、これを改良するの手段、如何せば可なるや。これを本山に告げんか、本山能わざるなり。これを末寺に謀らんか、末寺に人なきなり。おもうに、明治王政の維新は、尊王の志士これを民間にありて首唱するに起因せり。今や、我輩身に素衣を着すといえども、護法の精神に至りては少しも今日の懦僧《だそう》に譲らず。いやしくも、よく率先して改良を首唱するあらば、仏祖の霊これを銘々に祐助し、忠義の士、これを顕々に賛成して、端を伊勢の朝明、三重の両郡に発し、ついで他郡他国に及び、遂に日本全州に及ぼし、教門封建の制度を一変する日あるに至らんか。ここにおいて、我輩同志盟約し、従来の檀那寺を離絶し、単に真宗本願寺派信徒と自称し、便宜の地において一の道場を卜《ぼく》し、これを布教の本所と定め、平素敬仰する所の僧侶を招聘して、これを主管せしめ、葬式年忌等の仏事も、すべてこれに依託し、かつ真に就き俗に就て摧骨粉身報恩の誠を抽《ぬき》んでんとす。

（一八八七年四月一五日付『奇日新聞』）

この離檀運動には、桑名郡・員弁《いなべ》郡の有志も加わり、たちまち一〇〇名近い賛同者・加盟者が集まったため、「呈真宗有志者乞賛成書」という檄文を印刷配布し、さらに広く賛同者を募ることとなった。この檄文でも、徳川時代の遺制が存続し檀徒が末寺に隷属していることをよいことに、寺院僧侶が旧態依然たる状況に安住している状況が指摘される。さらに仏堂の再建、堂班の昇進、親鸞・蓮如両大師諡号法要などの経費負担を檀徒に強要するばかりで、興学布教に努めようとしない僧侶の実態が厳しく批難されている。そのうえで、檄文は、これを改め僧侶の覚醒を促すためには、檀那寺と離絶して僧侶の活路を断つのが第一の策であると主張している。

この運動に対して、急激な改革は破壊のもとであるとする批判もあったが、一方でこれを支持する僧侶もいたようである。佐々木雪溪という人物は、「真宗信徒の趣意書に賛成し併せて地方の信徒に謀る」という一文を『明教新誌』に寄せ、運動に賛意を表したうえで、本山管長に建白し認可を経て各方面の賛成を募るべきことを勧め、さらに末寺僧侶の立場を代弁して、まず本山役員の粛清を断行すべきことを主張している（一八八七年六月四日付『明教新誌』)。

このように、本山寺務所の改革を訴える僧侶と、教団のあり様に不満を抱く在家信者とが結びつく可能性もはらみつつ、教団改革論議は新たな局面へと進展していく方向性を見せていた。また何より、在家信者が教団に対する明確な批判意識を抱きはじめたことは、教団にとって大きな意味をもつものであり、しかも、このとき在家信者は、離檀という切り札を突きつけて教団・末寺に改革を迫ったのである。このことは、「消極的な追随」「積極的改革運動の推進」という選択肢のほかに、在家信者が近代になって「教団離脱」という第三のカードを手にしたことを示したと言えるであろう。

第三章で述べた松田甚左衛門ら報恩同志会に関する資料はほとんど見出せない。しかし、積極的に在家信者の宗政参加を求めた主張は、こうした在家信者の広範囲の意識変化に裏付けられたものと考えられる。

二、本願寺への疑心

一八九七(明治三〇)年、六〇歳になった頃から、松田甚左衛門の意識にも大きな変化が起こりはじめていた。善六は、父甚左衛門が、本山第一主義的な考え方が、次のように変わってきたと述べている。

誰もが御本山のために尽すとは申しましても、心は間違いないとしまして、どうも身体の方は思う通りにまいりませぬ。お金持はこころさえあればどうにもできましょう。貧乏人は力をといっても、老人自身はどうなり、こうなり、我が家の心配もなくてすみましたろうが、他人様に対しては、そうばかりもいえません。自分が働かなくては、一家が飢えるようなものもあるに相違ありません。そう考えれば、本山のために出て来て、お世話できる人は、つまりは余裕のある方々に限る、とこうなります。万人一様に御恩をよろこび、報謝にいそしめる途はと申せば、ただ、お念仏一より他ありません。

（「松田甚左衛門氏のこと」）

教団が一貫して門徒に求めたのは、「家業を勉励して富国の一端にそなえ、天壌無窮の皇恩を奉戴し人民保護の朝旨を遵守し、いささかにても憲法をおろそかにせず、租税をおさめ、兵役を勤《いそし》むるにいたるまで報国の義務を全うすべ」（『明如上人消息集』）き、近代天皇制下における忠良なる臣民像であった。しかも、そうして得られた蓄財によって、いささかも私利を図ることなく、教団の「浄財の喜捨」に応ずるものこそ理想的門徒像であり、その意味では甚左衛門の前半生は、まさにこの亀鑑とすべきものであったといえる。

しかし、老境に入った松田は考える。教団のこの要請に応じ得ない人間はどうなるのか。近代に入り資本主義社会の進展のなかで個人的な努力にかかわらず、貧困にあえぐ在家信者が数多く輩出されている。にもかかわらず、教団はこれら在家信者の悩みや苦しみに対応することなく、次々と懇志を要求し、執行部では腐敗が横行している。また報恩同志会の改革要求に耳を傾けようとしない。こうした甚左衛門の教団への疑念を決定的にしたのが、新門大谷光瑞（後に西本願寺二二世、法号「鏡如」）の洋行であった。

一八九九（明治三二）年一〇月、光瑞の洋行が発表されると、甚左衛門は利井明朗に呼ばれた。利井が言うには、若い光瑞はもっと宗学を修めてから洋行すべきで、まして父の明如が病気の際であり延期するのが妥当である。もし洋行するにしても、随行の者は広く門末から学徳円満の適切な者を選ぶべきである。非常に困ったことである――、ということであった。

これを聞いた甚左衛門は、光瑞の洋行を阻止することを決意し、報恩同志会を糾合して洋行反対運動に着手した。そのときのことを次のように回想している。

私どももこれを聞いて、実にしかりとなし、すぐさま報恩同志会に通知致しましたが、時を移さず十四ヶ国から総代三十余名上京せられました。そこで信徒総代として各々連判して或は御法主に建白し、或は執行に上願して、八方手を尽しました結果、出発御延期の風説が起りまして、随行員その他御見送りの準備もなさらぬので、一同大いに喜んで居りました。

しかるに、先に約束済となっていた汽船が神戸に着きまするると、突然その朝貸切の汽車で御出発になりました。会員一同は非常に驚いて集合しましたが、殆んどなす所を知らずという有様、その時松本喜一君が立って、会員の内から一、二名この汽車に轢れて死ぬる者があったら、御出発もお止みになるだろうがといわれました。

この時、私はいいました。上人は次第相承の善知識と思い、ことに本山をもって御浄土の出張所の如く思えばこそかくまで申すのである。しかるにもかかわらず、用いられぬとあれば、何事も仏祖の御計らいにあることとなるべく、我等文盲無智の者の知るところにあらず。両大師の御在世は遠くへだつと雖も、御和讃あり、御文章あり、出離の一大事については祖師の御遺訓を仰げば足る事なれば、今はこれまでなりと申し述べ、一同涙を浮べて解散してしまいました、今つらつら当時の所業を案ずれば、まことにいたらざる罪を造った者と思います。

（「五十年前の本願寺」）

かつて東移事件の際、明如は直接の面謁を許し、甚左衛門の意見に耳を傾けてくれた。しかし、若い光瑞は隠れるようにして洋行に旅立っていった。甚左衛門ら在家信者は、命を賭した愛山の赤誠を受け止める基盤がもはや本山のどこにもないことを痛感した出来事となった。甚左衛門らの受けた本山への疎外感はあまりに大きく、後に報恩同志会は解散に至ることになったのである。

三、品川弥二郎の忠告

光瑞の洋行から間もなく、松田甚左衛門は、かねてから親交のあった品川弥二郎から招きを受けた。品川は、顕道学校開校に際し、大いに賛同し「顕示大道」の扁額を贈り、これが校名の由来となった。また甚左衛門は、東上のたびに品川邸を訪ね、念仏談義や吉田松陰のことなどについて歓談したようである。

品川は一九〇〇（明治三三）年二月二六日に病のため急死したが、甚左衛門の回想によれば、その前年冬の品川との会見の模様は次の通りであった。

その後、明治三十二年の冬、京都尊攘堂念仏庵別荘に御出でになった折、別人をもっ

図15　尊攘堂の絵図（村上峯次郎『品川子爵伝』〈大日本図書、1910年〉より）

尊攘堂は、吉田松陰の遺志を汲んだ品川弥二郎が、1887年に尊攘の功ある人々を顕彰するため高倉通錦小路に創設した。その後、擬洋風建築の建物が新築、京都大学に移管され現在に至っている。

て御招きにあずかりましたから、すぐさま参上しましたるが、来客非常に多く、午前から午後まで待って、御用済の上別室に通じて、余人を払うて二人相対して、酒食の饗応あって後、さて今日わざわざ招いたのは余の儀ではない、貴殿は維新廃仏難以来、本山のために終始一日の如く尽されたるは予も感服する所である。しかるに、今では本山の外面もあらあら旧に復して来たのは、大いに喜ぶべきことである。故に今日も本山諸役人の所行につき改革とか何とかいうて、全国信徒を集めて騒いで呉れては当局者の苦心も一方ならずと伝聞しておる。而してまた来集の信徒というのも、社会は教育進歩し、その論自由となりて議論だけは富楼那《ふるな》の弁の如く滔々と述べるけれども、人情次第に軽薄になりて、世間につけ、出世間につけ、いよいよ実行という場合になると、一人はなれ、二人はなれ、終わりまで事をともにする者は極々少なく、遂には貴殿一人老年にして犬死をせねばならぬ様なことになってしまうのであろう。世人は死後に有形の石塔を残しても、遂には庭先の踏石となってしまうが、無形の石塔は何時々々までも伝えて、人の尊敬をうくべき者である。楠公の如き忠義の士は皆身をすて、無形の石塔を築いた人である。真宗において、高祖中祖の如き無形の大石塔を建てて末代までの尊敬をうけ、なお有縁の衆生を済度し給うのである。貴殿も、これまで随分宗門のために尽した事である故、今後はそれら事業を智者学者に托し、ただひとえに開山聖人の仰せを喜んで、念仏もろとも余命を楽しまば、これ即ち無形の石塔を築くというものである。予も近々に東京に帰邸するをもって、老婆心よりしてわざわざお招きした次第であると。懇々忠告を蒙りまして、大いに意を決するものがありました。

（「五十年前の本願寺」）

品川の忠告は、本願寺当局からの依頼を受けてのことであったかもしれない。しかし、甚左衛門自身も、本山に自分のような在家信者の活躍の場がもはやなく、報恩同志会の結束の意義も喪失したことを痛感していた。二月に品川死去の報に接した甚左衛門は、多年私淑してきた利井明朗に書状を送り、本願寺との訣別を宣言した。甚左衛門は、このときのことを次のように述懐している。

品川子爵の最後の教訓は、実に仏祖の御方便であると存じまして、永き夢一時に醒めた心地して、両大師の御在世の事どもが種々と思いあわされます。御開山聖人の仰せに、是非しらず邪正もわからぬこのみなり、小慈小悲もなけれども名利に人師をこのむなりと、また故に念仏をとりて信じなりとも捨てるなりとも、めんめんの御はからいなりとの御教えは、全くの文盲無智の我一人のための御遺訓と深く信じまして、ひたすら念仏を申して、余命を楽む気に固く決心致しました。

▲利井老僧に対する離別状

拝啓陳ば我若年の頃より一方ならぬ御引立に預り仕合無限候然るに目今感ずる所有て今後本願寺御門徒を離檀し御浄土の直門徒にめしなし被下候間深く御休心被遊度、付ては御尊老様も最早余命なき御身に候へば腐敗動物の器械に成り給わざる様伏して御願申上候。

明治三十三年四月

松田甚左衛門

利井御老院様

さて、私は追々老一定にせまり、愛山の念も万機に対する故に、世間名利に流れ、皆煩悩の種となり、出離の一大事については誠に楽しからずと不足の念を生ずるにつき、不可思議と、高祖大師二十九歳にして比叡山を下らせられし昔をしたい、心の及ぶ限り師命を奉じ、この界を去らんと決しました。しかれども、利井さんの面前において申立つるに、情において耐えぬ或ものがあります故に、書面をもって御自坊へ離別状を送りましたのであります。

（『五十年前の本願寺』）

甚左衛門は、本山宗政に関わる事をあさましき俗事にほかならないと自覚し、ひたすら念仏報謝の生活を送ることを決意した。こうして西本願寺は、幕末・維新期以来、教団を支えてきた功労者を失い、以後急速に在家信者の求心力を喪失していったのである。

四、小川丈平との出会い

本願寺と訣別して念仏報謝の生活に専念することを宣言した松田甚左衛門は、まず博多万行寺の七里恒順のもとへ向かった。さらに七里から小川丈平（号「独笑」）という強信家が豊前にいることを聞くと、そのもとを訪ね、まるで旧知のごとく法義ついて語り合ったという。甚左衛門は小川と出会ったときのことを次のように回想している。

本山を維持するためには、幾多の智者あり学者あり、私如き者が何物であろうか。両御堂をはじめ、その他の外面も柱太ければ、五十年や三十年はつぶれる心配はない。今はただ近寄る我身の臨終を覚悟するの外なしと決心致しました。

ここにおいて、中国九州の知人に今生の暇ごい申さんと、明治三十四年七月念仏もろとも飄然、家を出て豊前の国に来ました。豊前へは両三度下り、地方有志と談話を開きたる事もありましたが、小川翁の吉木村へも参りましたが、小川翁の出現ある事を知らずに過ました。然るにこの度、初めて独笑居士に面謁してたちまち驚きの念を生じ、不思議に年来の迷夢が醒めました。

（「本願寺と訣別後の私」）

また、甚左衛門は小川丈平の人となりを次のように評している。

小川翁は極めて質素な生活をしておられます。衣食住の三つは全く眼中にありません。ある時のお話に、我は前生乞食であったものか、乞食の所行を好むと。常にこの言葉の如く実行しておられます。されば、御姿は全く山家の炭焼き老爺の如く、外形においては尊敬申すべき所は少しもありません。

外形は浮雲の如く、その如何を問う迄もないことで、ただ信心をもって何より肝要と存じますが、翁の行為が丁度「御文ハ如来ノ真説ナリト存ズ可キノ由ニ候、形ヲ見レバ法然詞ヲ聞ケバ弥陀ノ直説トイヘリ」と、仰せられた御一代聞書の御文に思い合わせて有りがたく覚えます。有縁の私一人のためには、小川翁は真の善知識で高祖大師の再誕と信じます。

（「本願寺と訣別後の私」）

それでは、甚左衛門が親鸞の再来とまで評した小川丈平とは、どのような人物であったのだろうか。小川の生涯を記したものに、親近会編『小川独笑居士御略伝記』（一九一七年）、井本佛子著『独笑三千年』（平凡社、一九三一年）がある。これらをもとに、まず小川丈平の半生を確認しておこう。

小川丈平は、一八三四（天保五）年に豊前国築上郡千束村《ちづか》（現・福岡県豊前市）に生まれた。生家は、西本願寺末寺の門徒で、代々庄屋をつとめる豪農であった。五歳で母親と死別し篤信家の祖母に育てられ、長じて中津の手嶋物斎の塾に入り漢籍に通暁した。塾では福澤諭吉と同門で、互いに天下を論じ、国事に奔走した。また、松島善譲《ぜんじょう》の門を叩いて真宗を学び出家の志を懐いていたが、病弱のため断念したという。

千束村は小倉藩に属し、旧藩の悪政に村民は苦しめられており、一八七一（明治四）年には、私利を貪る藩役人が千束村共有の田を没収しようとしたため百姓一揆が起こった。

図16　小川文平（1834〜1917）
（井本佛子著『独笑三千年』〈平凡社、1931年〉より）

小川は一揆を指導したとの嫌疑を受け、千束藩により入牢させられたが、藩政府の解体後、地元の名士として、地方人士の教育に力を尽くし、県会議員にも選任された。一八八一年には築上社という金融会社を設立し自ら社長をつとめ、地域産業の活性化にもつとめた。

しかし、中年の頃に大病を患い、四六歳で夕照山に草庵を結び閑居した。一八八五（明治一八）年、某寺に詣でた際に、念仏は尊きものと話したところ、住職より「念仏は尊き故に申すわけではない」と反論されたことが契機となって、さらに八年間草庵に籠り、三度にわたって一切経を読破し、ついに称名念仏こそが仏本願の行であるとの確信を得た。その後、小川のもとにはさまざまな悩みをもつ在家信者が集まるようになったようである。

小川の思想に感銘を受けた甚左衛門は同志を募り、一九〇一（明治三四）年一一月、小川の法話集『念仏相続要文拾集』を出版した。この本が出版されると、小川の主張に共鳴する在家信者は全国に拡がり、その数は三千余名に及んだという。

五、小川丈平の思想

小川の著書は数冊刊行されているが、以下に『念仏相続要文拾集』を中心に、その他の著書も参考として小川の思想を整理していこう。まず、小川は、この世における人間存在について、次のように述べている。

我身は何より来て、この身を受けたるや、また何日に我死するや、我知らず。親族は六十余人目前に死去すれど、今何れにあるや、一人も音信なし。古来学者も、無学者も、智者も、愚者も、日々死すれども帰り来たりて告ぐるを聞かず。

（『念仏相続要文拾集』下巻）

小川は、所詮われわれは、何によってこの世に生をうけ、死してどこへ行くのかについては知り得ない「是非しらぬ身」であると言う。いわば分別を超えた我に非ざる実相への覚りに導くことこそが仏の本意であり、この立場によるとき、万人が平等であるという認識が成立するとして次のように述べる。

是非しらぬとは、仏説般若の心なり。平等心に住する心なり、平等心とは貴賤貧富智愚老少男女を隔てず。優劣なく上下差別なしという心なり。師も弟子もなく、教えるものも、受くるものも同等にして上下なし。能所の隔もなく、同等というこころなり。これ仏法の大地となす。これを無差別の愚と名く。（中略）世凡聖智愚を論ぜず、平等に未来世は、見えず聞こえず、さらに差等なし。（中略）よくよく心をとどめて未来世をあんずれば、知れぬものは未来世のことなり。これを指して是非しらぬ邪正も分らぬこの身とは申すなれ。是非しらぬは智愚能所、信も不信も、一切の人平等に是非しらぬこの身なり。これを平等心に住すとす。

（『一大決心仏教信仰談』）

「是非しらぬ身」であることにおいて、僧侶と俗人、師匠と弟子の上下差別がないのなら、在家信者を教団運営から排除して、その声に耳を傾けない西本願寺のあり方は、本来の真宗信仰に背くことになるであろう。小川は、次のような病者と病院のたとえを示して、真宗における自信教人信のあり方を説いている。

たとえば、甲者病院にて治療を受け病治す。乙者同疾あり、来たりて治療を乞う。甲者いわく、我は病院に治を受く。汝病院に受くべしと教ゆ。この教えを信じて、乙者は病院に赴き、治療を受け治して還る。甲いわく御同行なり、御同朋なりと。但し、病院に往くべしと指し教えたるを師とはいわず。この教えを聞くを弟子と名づけず。甲乙同じく病院に受くる差等あらず、ただ前後あるのみ。如来の教法を我も信じ、人にも教えるというも、またかくの如し。教える者、受くる者、ただ前後あるのみ。

（『一大決心仏教信仰談』）

ところで、「是非しらぬ身」であるわれわれ万人が救われ得る道は、称名念仏以外にはありえない。小川は次のように言う。

我等、未来世を全くしらざるがゆえに、正直に仏説宗旨の指し教えられたる証文を信受したてまつりて、たとい地獄なりとも一念の信を得て、専ら念仏して未来世を期せんのみ。

（『念仏相続要文拾集』上巻）

念仏の外一切の仏事を念仏の助業と名づけ、報謝と名づけず。前三後の正業めでたけれども、本願の行にあらず。もし称名念仏の外、仏事を報謝と名づけたる正教あらば、手なえ足なえの不具人、病床上の人、及び貧困人の家なし乞食者は、報恩謝徳の行常に欠乏不足の嘆きを如何せんや。十方衆生の請願何をもって満足の心に住せしめんや。

（『念仏相続要文拾集』下巻）

教団への財施も尊いかもしれない。しかし、真宗信者にとっては「是非しらぬ身」と信受して唱える称名念仏こそが仏本願の正行であり、その他はあくまで助業にしか過ぎないはずである。ところが、教団の現状はどうか。

今の時の風流として、参詣の手足もしげくはこび、物も話もよくし、財銭を抛つものをよき信者と賞し、あしらいをよくする顔色をあらわし、口にも出すほどのことなれば、一文不通のもの及び奉公するもの、渡世の用多くして参詣の心に任せぬ者は、自ら仏法者を見て、あの如くならでは信心えがたしと、自らこれをはからいて、むなしく日をおくり、死に帰する者少なからずと見ゆ。貧者等は、このことを自ら述るもの幾多を聞き及べり。豈に悲しからざらんや。

（『一大決心仏教信仰談』）

教団の懇志の多寡を重視する風潮のなかで、富や幸福から疎外された人々は、救済の道さえ閉ざされたと考え、自己の尊厳をも見失い、むなしく日々を送り死んで行く。そして、こうした教団の世俗化の現状に対する小川の批判は、厳しく法主以下僧侶に向けられる。

今の時仏法の棟梁者人爵を政府に受けたるは、政府の弟子ともいうべし。仏法中にあって、諸仏称讃の名利をばおいて、世間名利位階を旨とするは末世のありさま、宿業発見とあれば、怪しむにあらねども、また不便とせざるを得ず。但し棟梁者の不幸は暫くおいて、以下幾万の人これに習い堂班階級を売買して、終に文盲者の野人を迷惑せしむること不可思議なり。（『一大決心仏教信仰談』）

小川は、教団の永続・発展のためには資金が必要であるという教団側の論理に対しても、次のように反論している。

一切その起こる本を失えば、なにごともつぶるるものなり。（中略）本山及び寺は、信心念仏を本として出来たるものなれば、信心念仏を除き去れば、本山や寺はつぶるるものなり。（中略）

本山や寺を維持せんとせば、先づお互いに信心決定して念仏を申して往生するときは、本山も寺も決してつぶれませぬ。（中略）今日まで本山や寺のつぶれざるは、信心念仏する人のあるが為めなり。（中略）されば、本山や寺の存亡は金にはあらで、信不信によるとみえます。本山に信心なければ本山はつぶるる、寺に信心なければ寺はつぶるる。ただ信心あるところに法はとどまるという。在家に信心あれば、在家に法とどまる。たとい本山も寺もつぶれても、信心の門徒あれば、法はそこにとどまる。

（『念仏相続要文拾集』下巻）

またある時、甚左衛門は、小川に近代的仏教学研究に大きく道をひらいたとされる村上専精《せんしょう》の『仏教統一論』を贈って意見を求めたが、その際の回答も明解である。仏教を「知」や「学」の領域から理解しようとの試みを無意味と言うのではない。しかし、かつて親鸞が、学問的に仏教を探求したいのであれば、「南都・北嶺にもゆゆしき学生たちおおく座せられそうろうなれば、かのひとにもあいたてまつりて、往生の要をよくきかるべきなり」と述べたように、我らには無用である。「是非しらぬ身」である我らにとって肝要なことは、「たとひ、法然上人にすかされまいらせて、念仏して地獄におちたりとも、さらに後悔すべから」ざる信心の獲得なのである。この小川の回答には、「近代知」から仏教を理解しようとする近代教学が、「信」の問題を見失いつつあることへの痛烈な批判が込められていると言えるであろう。

以上のように、小川の主張は、教団の世俗的現状が真宗本来の立場と乖離している点を鋭く指摘し、教団のあり様に変革を迫る側面があった。しかし、西本願寺にとって、「信心に金銭手足要文なし」として、教団へ懇志を必ずしも要しないという主張は看過しえないものであり、小川丈平と彼を信奉する念仏結社「小川宗」に、激しい弾圧が加えられていったのである。

六、加藤弘之著『仏教改革談』

小川丈平の信奉者が増加しはじめると、その情報をいち早く集め、その主義がルーテルの宗教改革に似ていると評した人物があらわれた。帝国大学総長・帝国学士院院長・枢密院顧問などを歴任した加藤弘之（一八三六〜一九一六）である。但馬出石藩の出身である加藤は、松田甚左衛門の感化により但馬・播磨地方などに小川宗が広まると、地元の親族に問い合わせて情報を入手し、一九〇二（明治三五）年に『仏教改革談』という書を発表し、小川宗について論じた。この書で加藤は、当時の新仏教運動の存在意義を一刀両断に切り捨て、次のように言う。

およそ宗教というものは、学問とは違って知識が主になるものではない。全く情というものが主になるのであるから、衆生済度に熱誠なる一偉人が自分の身命をも、門地をも、家族をも、財産をもなげうちて一心不乱に衆生済度に尽くさんとする覚悟でなければ、到底開けるものでない。釈迦でも、耶蘇でも、その他の宗祖開祖でも、みな左様にやって開いたのである。しかるに今日の仏教革新または新仏教というものだけは、有志者の評議や討論で出来ようと思うのが第一の間違いである。評議や討議ということは、学問上でもほとんど効能はないのである。まして宗教上には何の用をもなさぬのである。

（『仏教改革談』）

加藤によれば、当時の仏教革新運動は、総じて学理教義の方に傾いているが、こうした革新運動はまったく無益であり、「害になるとも、利にはならぬ」ものである。問題は教義解釈にあるのではなく、僧侶腐敗の是正にあるのだとして、次のように指摘している。

僕の見る所では、既に述べた如く仏教の教義は今日において、少しも改革する必要がない。ただ仏教僧侶の今日の腐敗堕落を矯正して、教祖宗祖の主義のよくおこなわれるようにするのが肝心である。虚心平気に考える人ならば、僕の所見に反対する者は、恐らくあるまいと思う。（『仏教改革談』）

加藤の仏教、特に真宗の僧侶の腐敗に対する批判は手厳しいものがあり、次のように述べている。

今日の仏教僧侶は実に悪事を働く奴である。ただ用に立たぬのみならばまだよいが、社会に害毒を流すにいたっては、決して許すことができぬ。今日の所謂貴顕紳士などいう者が品行も修まらず、またその他随分悪事を働く者もあるが、しかしこれは衆生済度の大任を負うておる者でないから、多少宥恕《ゆうじょ》すべき道理もあるが、僧侶に至っては、全く衆生済度の大任を負うて、信徒のひたすら信頼しおる者であるに、その者が仏教を道具に使って悪事を働くというに至っては、実ににくみても余りある者である。僧侶の中でも真宗が最も甚だしい。殊にその本山たる本願寺が最も極度に達しておる。しかし、他の宗旨と雖も、大抵皆同様で真に衆生済度の任務を尽くしておるものとては一もないのである。（『仏教改革談』）

こうした状況を打開する方途はないものかと考えていたところ、加藤は『是真宗』という雑誌の記事で小川宗のことを知り、播磨龍野《たつの》町と但馬出石町に住む親族に現地の小川宗の動向を問い合わせた。その結果、次のような結論を得たとしている。

なるほど、この派が盛大になられては、両本願寺を始め全国の末寺は実に危急存亡の秋ともなることであるから、狼狽せずにはおられまい。一心念仏の外に、金銭を上げることも、足を運ぶことも無用である。親鸞蓮如の教えさえ報ずれば、その他は一向心配するに及ばぬ。今の法主の如きは、親鸞蓮如の教えに背いたものである、決して、その命令を遵奉するに及ばぬというが如き意気込みは、実に壮大なものである。なるほど、釈迦以来の経論にも、また親鸞蓮如の遺教にも、寺に金銭を上げねば、極楽往生は出来ぬなどいうことは決して無いに相違ない。小川派の主義というものは実に公明正大で、また大胆不敵なものである。少しく事理の分かる者なら、決して疑う筈がないのである。（『仏教改革談』）

そのうえで、加藤は小川宗が盛大となって、ルーテルのように仏教改革を実現することを期待して次のように述べている。

僕は小川宗の一日も早く盛大にならんことをいのるのである。この宗旨がいよいよ盛んになれば、決して真宗のみでない他宗にも影響して僧侶の金を貪るという悪習は、自然消滅せねばならぬことになるに相違ないと思う。国家のために大いに歓ぶべきことであると思う。この新真宗はあたかも仏教のプロテスタント（反抗教の義なり）ともいうべきものである。ルーテルが羅馬法王に反抗して新耶蘇教を開いたのも、大抵同様なる主義である。ルーテルは羅馬法王が全く耶蘇の教えに背いて、欧州各国帝王の上に位する大帝王となって俗世界に大権を振い、而して肝心なる衆生済度はおろそかにしておる。かようなる法王の命に従うことは決してできぬという趣旨で、反抗教すなわち新耶蘇教を開いたのである。

小川宗というものも、右雑誌にある趣旨で見ると、やはりルーテルの主義に似ている。小川某が釈迦親鸞蓮如等の教旨を回復せんがために、止むを得ず本願寺に反抗して新真宗を開いたのによく似ておると思う。

（『仏教改革談』）

加藤は、経世的立場から局外者として小川宗を見ており、本来、その真宗信仰の内実には関心がなく、「宗教嫌い」を公言している。局外者ゆえに冷静な判断を下している側面があるものの、本願寺との対立点ばかりをクローズアップさせている。しかし、このことが小川宗の人々を追い詰め、悲劇を生むことにつながった側面も否定できない。

七、小川宗への弾圧

一九〇二（明治三五）年頃から、各地方で小川宗の信奉者への弾圧が激しさを増していった。特に松田甚左衛門の教化により近畿地方における小川宗の拠点となった但馬地方の弾圧は激しく、同年五月一九日付『中外日報』は次のように報じている。

●小川宗の影響・挙村の絶交　小川宗が頃日、但馬地方に蔓延して到るところに、真宗寺院により迫害を忍びつつあるが、中にも立野と豊岡とは中間に円山川という一河をはさみて、朝夕交通頻繁の地なるが（中略）小川の勧むる法門は異端邪説なれば、これに帰入するものは公私の交際を絶ち、「豊岡には他宗派もおれば、通路通行までも禁ぜしざるも、立野は全村ことごとく真宗なるをもって、橋も通せしめず、田地に水もやらず、朝夕の言語も交えずという」社会的制裁を加うべしとて、一戸毎に調印を纏めたりという。

甚左衛門の回想によれば、同年九月には、小川宗からの改宗を村民に強要された女性が、円山川に身を投げて自死するという事件も起こった。甚左衛門は、この小川宗弾圧の暴挙を次のように述懐している。

同女が、諸人圧制に耐へずして、いよいよ身命を棄てらるるに到る心底を追想しますと、感慨無量、悲喜交々起こりて、落涙禁じ難きものがあります。教法の自由は、日本憲法の許されたる所、しかるに、多くの僧俗はこれを許さず、無法にも、これに圧迫を加え、遂に死に到らしむ。蛮習の甚しき、言語に絶えたる次第であります。立憲国民教法自由彼我犯すべからざる事をも、わきまえずして、内は自由の思想を破壊し、外は法に触るるの蛮行を敢てし、外教徒の侮笑《ぶしょう》を招く。思うて、ここに到ると、冷汗の禁じ難きものがあります。私は外教法自由の保護を願い、内仏天冥衆の霊見に哀訴するものであります。

（「本願寺と訣別後の私」）

ここに至って甚左衛門には、かつて偏狭な教団護持の意識からキリスト教排撃運動に邁進した自己のあり様を深く慚愧する意識も生じたのである。

前後して教団による弾圧の矛先は、小川丈平自身にも向けられていった。一九〇二（明治三五）年六月二三日付『中外日報』によれば、五月二八、二九日、「司教松島善海師は本山の命を奉じて千束村正円寺に出張し来たり、両日間、丈平翁の安心不正なることを説教せられたる」とあり、六月五日には「勧学東陽円月《とうようえんげつ》師、馬関よりの帰途、宇の島に立ち寄り、一泊の間に二三の信徒を召して、丈平翁の安心は全く不正ぞ、斯くの如き文証もあり、この通りの理証もありて、いよいよ異安心なれば、汝等必ず妄信するなかれ」と説諭したという。

　これに対し、小川丈平とその子武次郎は異安心《いあんじん》の悪評を撤回させるべく、所属寺院や近隣の寺院にはたらきかけたが効果はなく、六月七日に所属寺院に離檀する旨の届け出を提出した。一〇月に中外日報記者の取材を受けた武次郎は、その心境を次のように語っている。

　離檀しましたのは、別に私より求めてこの挙に出たのではなく、邪教であるとか、異安心者であるとか、甚だしきは耶蘇教になったとか、実に聞くにも、いうにも忍びざる批難攻撃を受けまして、その侮辱迫害に耐えられませんものですから、一層離檀した方が却って気楽に法義が喜ばれるであろうと存じまして、離檀届を出したのです。それに何ぞや、後にて承りますれば、本山の方では、小川は真宗以外に放逐したという名義になっておるそうです。私は寺を離れましたので、決して真宗を離れたのではありませんが、ドーモ、コーいう具合にいわれましては実に残念ですが、これも致し方のない事です。真宗は本願寺以外になきものとは、私は思われません。

（一九〇二年一〇月一三日付『中外日報』）

さらに西本願寺当局は、一九〇二年六月一七日付にて、執行長名で末寺一般に次のような訓告を発した。

近来報恩行に関し異説を唱へ派内信徒の間を往来し自義を拡張せんと訪むる輩有之哉に相聞江候処右は本宗相承の正意を誤る者に付苟且《こうしょ》にも彼輩の為めに惑はさざる様各自門徒に懇諭致すべし

（一九〇二年七月三日付『中外日報』）

この訓告が小川宗を指していることは明らかである。こうして、西本願寺当局は、小川宗に異安心としての烙印を押し、教団から排除していったのである。

八、東陽円月の小川宗批判

小川宗が異端であるとされた理由はどこにあったのか。小川の書に最も強く反発した東陽円月の主張を手がかりに、以下に小川の教説に検討を加えよう。東陽は、「小川翁の法話集を読む」を一九〇二（明治三五）年五、六月に『伝道新誌』に連載し、同年八月に一書にまとめて『小川翁の法話集を読む』として法藏館より刊行している。ただし、松田甚左衛門は、本書は某氏の書いたもので、東陽は名前を出しただけと述べており、真偽のほどは不明である（「本願寺と訣別後の私」）。

本書では、まず小川の主張する称名念仏とは他力の信に根拠を置かない「真門自力の念仏」に他ならず、これは信心正因の立場に反する異端の教説であると論断する。さらに「仏報とは信心と念仏との二に限れり、教人信報恩と申すことあれども、これは凡常の及ぶ所に非ず」という小川の主張を挙げ、他力の信を得た後は、当然その報謝として現世において追求されるべき自信教人信の実践が除外されていることは、小川の信仰が真宗教義の本来的立場に反する何よりの証拠であると述べている。

小川の説く念仏とは、「是非しらぬ身」ゆえに仏の本願を信受して唱える念仏であり、これを一概に「真門自力の念仏」と断定し得るかは疑問の残るところであるが、確かに小川の思想から真宗信仰にとって重要な報恩行たるべき自信教人信の実践が欠落していることは致命的であった。

小川には、念仏以外の実践はほとんど追求されていない。もちろん、そこには教団の拝金的傾向に対する強烈なアンチテーゼが込められていることは明らかだが、その社会的認識の欠如ゆえ、小川の主張は教団の世俗的傾向への批判とはなりえても、一歩進んで在家信者への広い布教を通じて新たな教団改革構想の樹立へとは向かい得なかった。

また近代天皇制下の諸矛盾に対しても無批判であった。小川にとっての近代天皇制とは、次の主張に見られるように、信教の自由を「下賜」し、封建制の圧制から人民を解放したものとして手放しで称讃されるべきものであった。

予は何の故なるやを知らねども生来勤王の志あり。頗る旧藩政の圧制を厭ふ心あり。旧政の下籠鳥不自由の感あり。心身の卑屈に苦しむこと年あり。ここに一朝廃藩の時到り、維新朝政の民となるや。籠鳥の始めて天空に飛行し心身の自由を得たるが如く快感云ふ可らず。昔を偲び今を思へば全く別天地の感あり。別世界に蘇生したる思あり。誠に朝恩の広大を仰ぐ。(中略)

我れは何より来れるやを知らずと雖も、この日本の片隅に生を享けて、立憲政下の臣民たり、辛くも徳川藩政の圧制下に蠢屈《しゅんくつ》して半生を畢《おわ》り、後半生は 辱《かたじけな》 くも聖治の下に自由の権を下賜せられ、新天地に蘇生する幸福政恩の深思予の一心に溢れたり。殊に信教自由の光沢に浴す。しかるに、宗教界は依然として旧習脱し難く、窃《ひそ》かに宗派の圧制僧坊の束縛に依り仏説阿弥陀弘誓専修の一法、宗師自得決心の口訣を聴くこと能はず、西路の指授《しじゅ》を知らず、心身を煩悶《はんもん》する事年あり。

（『前柴録』）

このように、東陽の批判は、小川における念仏者の社会性の欠如を見事に指摘している側面もあるが、その主眼は教団側のイデオローグとして、教団への奉仕を正当化することにあった。

すなわち、「真門の念仏は要門にあっては、助も正も同じ位にこれを見て、正助共に往生の因としてこれを修するなり」と、絶対他力の信を得た後には、もはや称名念仏も教団への献金も、その貴さに区別はないという。そして、仏恩師恩の「恩徳かくの如く広大なれば、金銭も惜しまず手足の労も厭わず、報恩のおもいになるとの玉うこころ」こそ肝要であるとする。さらに「絵の切れ一寸にても、線香一本にても、金銭なくてはこれあるべからず」と述べ、献金は教団永続のために必要不可欠であることを強調している。

ここにおいて、小川の提示した教団腐敗に対する抗議は、巧みに信者の信仰の在り方の問題へとすり替えられているのである。

九、小川宗のその後

二〇世紀初頭、小川丈平が西本願寺につきつけた課題は、教団の世俗化の傾向・僧侶偏重の傾向に対する是正にあった。ところが、問題はそれだけではなく、より根源的に近代社会における宗教教団の存立意義を問い直すものであったとも言えよう。

小川丈平の思想には、弘教講にみられた本山・法主、寺院・住職を所与のものとする認識は最早みじんもみることはできない。そこには、ただ上からの急速な近代化により、地域社会そして教団から疎外された自我の救済がひたすらに追求され、その課題に対応しない教団に対しては、募る不満を爆発させている。しかし、その批判は、自立・社会化を根底から阻害している国家体制へとは向けられない。このため、小川宗は、既成教団からの離脱は果たすが、内なる宗教的権威に従って、新たな社会性を構築していく方向性をとりえず、真の意味での宗教的自立を果たし得ないまま、大枠では国家体制の内に収斂されていった。

一方、既成教団の側は、封建的共同体意識から解き放たれ、しかも自立しえず彷徨する個々人の切実な自我救済の要求に適切な対応をなし得ず、国家との協調路線をとりつつ、在家信者を前近代的共同体幻想の中に押し込める努力を重ねていく。そして、教団は僧侶偏重の傾向を強めつつ、さらに在家信者の求心力を失っていったのである。

一九一七(大正六)年に小川丈平が没すると、新たな社会性構築への方向性を欠く小川宗は、本願寺との対立が先鋭化していき、松田甚左衛門は小川宗からも疎外されていったようである。このときのことを松田善六は次のように回想している。

小川翁については、老人も敬服して、旧知の人々に、その主意を伝えたり致しましたが、若手の連中は、これをもって本山の方針に反抗するに至り、一時は老人も双方から、へんに思われたことがあります。

前にも申します通り、老人は御本山に対して、どうこういう考えは毛頭ありません。ただ最も平等な御恩報謝は、お念仏一つぢゃと申すだけで、お金のある人はもとよりお金をささげればよし、力のある人は力をお供えすればいい、金も力もない身はお念仏一つじゃと申すのでありますから、そのまま聞けば、何のさしさわりもなかろうと存じます。現に本山の役員方の中には、松田は何か不平を抱いて本山に反抗しておる。

というので、御老院（利井明朗）の所へ、老人が編輯の一書を持って、何とかお叱りを願い参りますと、御老院は、それがなぜわるい、と却って申し上げた人の方をたしなめられた、とか承っております。

一方、また小川翁に帰服する若い人々は、小川宗というものを建てて本山に対抗しよう、とまで考えるものもでてきましたが、老人はどうあっても承知致しません。丁度老院の御病気頃で、老人や私が詰めきりのように御介抱しておりますと、松田はやっぱり古巣へ帰った、本山へ頭をさげた、といって、今度は自分達の間から老人追い出しを策したり致しました。

（「松田甚左衛門氏のこと」）


甚左衛門とて、西本願寺のあり様に批判的意識はあったであろう。しかし、無闇に本山との対立を望んではいなかった。いくら対立してみても、西本願寺のあり様を変えることができないことは、それまでの経験から熟知していた。甚左衛門とっては、西本願寺の関係者であれ、小川宗の信奉者であれ、自信教人信の報恩行の実践にいそしむ者は御同行であり、対立する必要性を認めていなかった。そして、この御同行の広がりこそが、教団と社会を変えていく唯一の道と信じていたのであろう。

一〇、顕道会館の設立

一九二三（大正一二）年四月、松田甚左衛門は、顕道学校の卒業生と協力して在家信者のための新たな教化の場「顕道会館」を建設した。大正期には、既成教団と距離を置いた教化団体が勃興し、その場として洋館の仏教会館が建設されるようになった。その先駆的存在が、近角常観《ちかずみじょうかん》が東京本郷に建築した「求道会館《きゅうどう》」であった。

一九一五（大正四）年八月二六日付『中外日報』は、求道会館の竣工にふれ、「かの寺院仏教の教権的保守官僚的なるは、現代の生活と遊離し背馳して活発発地の実生命を感動する能わざるものあり、ここに現実的進歩的民衆的の宗教生活の中核心たるべく会館時代は現出せんとす」と述べ、会館時代の到来を予見し、さらに次のように述べている。

全国の寺院に漸次革新の実現を冀《こいねが》うものなり。しかり而して、寺院の会館化とは、寺院に付帯する中世的の因襲を脱落して、その本質を近代的に表詮するの義なり。即ち、僧侶の私的物質生活の資具としての寺院を変革し、因襲的儀礼の環境としての寺院を批判し、僧侶と檀信徒との伝習的関係を一洗して、現代の宗教生命そのものの実質に根基をもとめ、現代生活そのものと新しき接触をもとむるにあり。

西本願寺関係でも、東京神田表猿楽町にあった都市布教の拠点「明治会館」が焼失したのを機に、一九一七（大正六）年に木造洋館に建て替えられた。さらに翌年には、東京神田駿河台下に各宗共同の「中央仏教会館」が竣工している。

こうした東京での動向を受けて、顕道会館は、時代状況に対応した新たな布教拠点として開館したのであった。その「館是」には次の項目が掲げられている。

一、既成宗教派の諸有ル弊瀆ヨリ離脱ス
一、真理ヲ愛好シ研究ノ自由ヲ認ム
一、民衆仏教ヲ宣伝シ在家真宗ヲ鼓吹ス（以下略）

（『旧顕道学校同窓所感集』）

大正期には、西本願寺で鏡如（光瑞）が、東本願寺で彰如（光演）が相次いで借財問題から法主職を引責辞任した。既成教団の世俗化が顕著となり、その権威が失墜するなかで、顕道会館は、「民衆仏教」「在家真宗」を標榜して在家者自身が布教主体となることを高らかに宣言した。一九二三（大正一二）年四月一八日付『中外日報』は、紙面の冒頭に「会館時代へ」という社説を掲げ、次のように記している。

京都という因襲的な宗教都市においても、時勢は強いもので、漸次に清新な色彩を添えてゆく。そは会館の設立である。少時これを仏教世界において観察するに、中央に六角会館があり、北部に山口会館がある。東六条に高倉会館があらわれ、西六条に顕道会館あらわる。これら会館は在来の総会所や説教所なるものを凌駕して、新しい民衆の教壇として発展してゆこうとする。就中、注目すべきことは、その代表的なものは宗派本山なるものの支配に依らず、独立してゆくことである。ここに会館時代が漸を追うて出現せんとするは、吾人の快く感ずることである。

在来の仏教寺院はいかにしても、中世紀的な修道場として成立するために都市に介在しながらも、実は都市に融化してゆくだけの素質を欠いている。この点において会館は、近代的な情調を有する民衆の団欒所として大に意味を有するものである。寺院よ

図17　顕道会館
（『顕道会館十周年記念』より）

り会館への転化は、一個の形式であるには相違ないが、かかる形式の転移は、その内容の転化をなすものである。即ち、僧侶本位の教壇がいつしか僧俗不二の教会として変化してゆくであろう。

顕道会館の開設以降も、山内慶華会館（長崎市）、大正仏教会館（神戸市）、宗教講堂春風荘（大阪市）、芦屋仏教会館などの仏教会館が地方都市に次々に開館した。昭和に入ると、教区教務所に付設の会館も建築が進み、西本願寺系だけでも、山口会館、高岡会館、熊本会館などが開設されている。また、すでに述べたように、説教所も昭和初年には七〇〇近くに及んでいた。新たな布教活動が芽生えつつあり、会館の出現が新しい民衆仏教の到来を牽引するという『中外日報』社説の期待は、まったく的外れなものではなかったのかもしれない。しかし、その期待は実現することなく、むしろ戦後は衰微して現在に至っている。

顕道会館が開館して数年たった一九二七（昭和二）年一一月、松田甚左衛門は、終焉の地と定め、晩年に移り住んだ鹿ヶ谷の草庵で息をひきとった。幕末から明治・大正にわたって、ひたすら自信教人信の報恩行に生きた九〇年の生涯であった。

参考資料

（一）松田甚左衛門関係

松田甚左衛門述「五十年前の本願寺」（一九一五年三月七日～四月一三日付『中外日報』）
松田甚左衛門述「本願寺と訣別後の私」（一九一五年四月一四日～五月四日付『中外日報』）
瀬尾増蔵編『法の繰り言』（顕道書院、一九二七年）
松田善六談「松田善六の言葉」（『一味』第二二巻第二号〈一九三一年二月〉）
松田善六談「松田甚左衛門氏のこと」（『一味』第二二巻第三号〈一九三一年三月〉）

（二）顕道学校・顕道書院・顕道女学院（校）・顕道会館関係

「学科課程一覧表」「顕道学校各学科教授要旨」「顕道学校略則」（一八八五年、顕道学校）
黒谷西畔子（野々村直太郎）「反古籠」（一九〇五年八月一七日～八月三〇日付『中外日報』）
松田善六談「老院を追慕す」（『一味』第二一巻第一一号〈一九三〇年一一月〉）
青木敬麿編「顕道学校誌資料」（『一味』第二二巻第一二号〈一九三一年一二月〉～第二四巻第五号〈一九三三年五月〉）
佐々木親善編『顕道会館十周年記念』（顕道会館、一九三三年）
佐々木親善編『旧顕道学校同窓所感集』（顕道会館、一九三三年）
京都出版史編纂委員会編『京都出版史――明治元年～昭和二十年』（日本書籍出版会京都支部、一九九一年）

京都女子学園学園史編纂委員会編『京都女子学園八十年史』（学校法人京都女子学園、一九九〇年）
中西直樹「顕道女学校資料及び解説」（京都女子大学宗教・文化研究所『研究紀要』第一三号、二〇〇〇年三月）
中西直樹「文中女学校資料及び解説」（京都女子大学宗教・文化研究所『研究紀要』第一四号、二〇〇一年三月）

（三）小川丈平・小川宗関係

西海愚陋記・杉本昇道編・小川独笑随筆『七里恒順師法話妄評録』（興教書院、一八九八年）
小川独笑述『念仏相続要文拾集』（小寺謹二・臼井定十郎・松田甚左衛門、一九〇一年）
小川独笑述『経釈抜萃法話集』（石野房吉・宮本喜惣平、一九〇二年）
東陽円月『小川翁の法話集を読む』（法藏館、一九〇二年）
加藤弘之『仏教改革談』（金港堂書籍、一九〇二年）
末永代治郎編・小川独笑述『一大決心仏教信仰談』（法藏館、一九〇四年）
小川独笑『祖師観』（瀧本善助、一九一〇年）
小川丈平『原光録』（松蔭庵、一九一一年）
小川独笑著・岩佐静諦編『大蔵経抜鈔合』『大蔵経抜鈔目』（蔵経書院、一九一一年）
小川独笑著・井本方外編『前柴録』（井本商会、一九一二年）
親近会編『小川独笑居士御略伝記』（一九一七年）
井本佛子『独笑三千年』（平凡社、一九三一年）

松井義弘『小川独笑伝　豊前近代民衆史（I）』（近代文芸社、一九九六年）

（四）近代真宗史関係

明如上人伝記編纂所編『明如上人伝』（明如上人廿五回忌法要事務所、一九二七年）
本願寺派本願寺編『明如上人御消息集』（本願寺派本願寺、一九二七年）
石松貞雲編『本派本願寺寺院名簿』（文化時報社、一九三二年）
築地本願寺遷座三百年記念法要事務局編・刊『築地本願寺遷座三百年史』（一九五八年）
深川倫雄『本願寺教団の分析』（一九六二年）
福嶋寛隆「島地黙雷に於ける伝統の継承」（『龍谷史壇』五三号、一九六四年九月）
二葉憲香「真宗教団近代化の動向——布教権の回復と末寺平等化指向」（『龍谷大学論集』三八八号、一九六九年二月）
徳重浅吉『維新政治宗教史研究』（歴史図書社、一九七四年）
柏原祐泉編『維新期の真宗　真宗史料集成　第一一巻』（同朋舎、一九七五年）
二葉憲香・福嶋寛隆編『島地黙雷全集』（本願寺出版協会、一九七三～一九七八年）
二葉憲香「明治初期仏教の会・結社」（『仏教史学研究』第一九巻二号、一九七七年一月）
福間光超「西本願寺における公選議会の成立について」（二葉博士還暦記念会編『仏教史学論集』永田文昌堂、一九七七年。後に、福間光超『真宗史の研究』〈永田文昌堂、一九九九年〉に収録）
宗会百年史編纂委員会編『本願寺宗会百年史』史料編（浄土真宗本願寺派宗会、一九八一年）
中西直樹『日本近代の仏教女子教育』（法藏館、二〇〇〇年）

中西直樹「西本願寺教団にみる地方教校設置と現実」（『龍谷大学仏教文化研究所紀要』第四一集、二〇〇二年一一月。『佛教史研究』第四〇号、二〇〇四年三月）
中西直樹「明治前期西本願寺の教団改革動向」（京都女子大学宗教文化研究所『研究紀要』第一八・一九号、二〇〇五年三月・二〇〇六年三月）
福嶋寛隆『歴史のなかの真宗――自律から従属へ』（永田文昌堂、二〇〇九年）
中西直樹・吉永進一『仏教国際ネットワークの源流――海外宣教会（一八八八年〜一八九三年）の光と影』（三人社、二〇一五年）
中西直樹編・解題『雑誌『國教』と九州真宗　解題・総目次・索引』（不二出版、二〇一六年）
中西直樹・近藤俊太郎編『令知会と明治仏教』（不二出版、二〇一七年）

（五）その他

藤島了穏『耶蘇教の無道理』（布部常七、一八八一年）
神代洞通編『石山法乃勲』（松田甚左衛門、一九〇一年）
村上峯次郎『品川子爵伝』（大日本図書、一九一〇年）
遠藤秀善編『明朗百話』（顕道書院、一九二三年）
小野島元雄編・刊『對榻閑話』（一九二九年）
安田孝七編『染香人（伊藤長堂翁追慕録）』（財団法人芦屋仏教会館、一九四二年）
韮塚一三郎『関東を拓く二人の賢者――楫取素彦と小野島行薫』（さきたま出版会、一九八七年）
龍山智編『万国霊智会総長オルコット氏　広陵演説』（上薗摠持、一八八九年）

このほか、『明教新誌』『本山日報』『教海新潮』『奇日新報』『東雲新聞』『伝道新誌』『婦人教会雑誌』『教学報知』『中外日報』『教海一瀾』『少年之教育』などの新聞・雑誌記事を参照した。

あとがき

松田甚左衛門翁との出会いは、今から三〇年前にまでさかのぼる。当時、京都女子大学に事務職員として奉職したばかりの筆者は、『京都女子学園八十年史』の編纂事業に関わっていた。ところが、京都女子学園の前身校とされる顕道女学院に関する資料はまったく学園に残されておらず、その概要すらわからない状況にあった。

顕道学校・顕道書院・顕道女学院・顕道会館、これらは相互に関係があり、松田甚左衛門という人物が深く関わっていそうなことがわかったが、それ以上のことは不明であった。当時、顕道会館（現・京都教務所）は、仏壇屋の倉庫となっており、訪ねても人気がなかった。道路を隔てた向かいに百華苑という書店があり、ここがもともと顕道書院のあった場所のようであった。

ある日、思い切って百華苑に入り、甚左衛門翁のことを尋ねると、店主は「大家の松田さんなら、奥の方におられます」と言って、奥の方へと案内してくれた。そのときお会いしたのが、甚左衛門翁のご令孫（善六氏のご令息）に当たる政太郎氏であった。数度にわたって、政太郎氏からいろいろなお話をお聞きし、資料も拝借するなかで、さまざまなことがわかってきた。その内容は、筆者が理解していた近代真宗史・近代仏教史の通念を大きく変えるものがあった。

政太郎氏のおかげで、『京都女子学園八十年史』に顕道女学院・顕道女学校のことを少し記すことができたが、以後も、土曜日の午後に仕事が早めに終わった日は、政太郎氏のもとに通いつめ、豊岡市へも行き、浜坂にも手紙を送るなどして調査を続けた。その成果は、「近代西本願寺教団における在家信者の系譜――弘教講、顕道学校、そして小川宗」という題の論文にまとめ、一九九九年に刊行された福嶋寛隆先生編の『日本思想史における国家と宗教』上巻（永田文昌堂）に収録された。在家信者を対象とする研究が進展していない近代仏教史研究の動向に一石を投ずる意気込みで書いたものであるが、反響はまったくと言ってよいほどなかった。研究題材としては自信があったが、実力のなさを痛感した出来事となった。

その後、二〇年近くが経過したが、相変わらず在家信者の信仰や動向に焦点を当てた研究はあらわれず、近代知識人の仏教理解を対象とする研究ばかりが盛んな傾向にもどかしい思いを抱いていた。関係資料も次第に集まり、いつかは甚左衛門翁の評伝を書きたいとは考えていたが、近代真宗史の全体像を把握し、そのなかに翁の業績を正当に位置づける必要があると考え、長く執筆することを保留としてきた。

ところが、数年前に、豊岡布教所が閉鎖となり翁の胸像の去就が定まっていないとの連絡が、故政太郎氏（一九九八年一月に九四歳でご逝去）のご令息の松田弘氏と、ご息女の豊秋美枝子氏からあり相談を受けた。さっそく各方面と協議して、顕道会館に移設する方向で調整を進めたが、話が難航し、いまだ実現できていない。話が進展しない原因の一つには、松田甚左衛門と聞いても、今日その人物像や事蹟がまったく知られていないことにあると気がついた。

そこで、内容の不十分さを承知で、急ぎ本書を執筆し世に出すこととした。本書が契機となって、甚左衛門翁のことが世に知られ、胸像保存の機運が高まれば幸いである。また、近代における在家信者に関する研究が活発化することが願われる。そのことが仏教・真宗に関わる議論を多様なものとし、その振興に資するに違いないと考えるからである。

執筆にあたっては、読みやすさを考慮して、引用文献のうち、新聞のインタビュー記事などでは、常用漢字、現代仮名遣いに改め、句読点を追加・変更するなどした。また一部の漢字をひらがなに改めた。
本書の出版をお引き受けいただき、編集にご尽力いただいた法藏館の戸城三千代編集長と丸山貴久氏には、心より感謝を申し上げたい。

二〇一七年六月

中西直樹

中西　直樹（なかにし　なおき）

1961年生まれ
龍谷大学文学部歴史学科（仏教史学専攻）教授
主な業績
『仏教と医療・福祉の近代史』（法藏館、2004年）
『植民地朝鮮と日本仏教』（三人社、2013年）
『植民地台湾と日本仏教』（三人社、2016年）
『令知会と明治仏教』（共編、不二出版、2017年）

近代西本願寺を支えた在家信者
——評伝　松田甚左衛門

二〇一七年九月二〇日　初版第一刷発行

著　者　中西直樹
発行者　西村明高
発行所　株式会社　法藏館
京都市下京区正面通烏丸東入
郵便番号　六〇〇-八一五三
電話　〇七五-三四三-〇〇三〇（編集）
〇七五-三四三-五六五六（営業）

装幀　大杉泰正（アイアールデザインスタジオ）
印刷・製本　中村印刷株式会社

ISBN 978-4-8318-5551-0 C0021